ZHENGFU TOUZI JIANSHE XIANGMU
TOUZI YOUHUA KONGZHI LILUN YU FANGFA

政府投资建设项目
投资优化控制理论与方法

王新征 著

化学工业出版社
·北京·

本书针对我国普遍存在的现实问题，在大量借鉴发达国家和地区经验的基础上，构造我国政府投资建设项目的投资全面动态控制模式，建立定性与定量相结合的我国政府投资建设项目应用全面造价管理的整体方案，并给出全面造价管理整体方案的一般实施程序，提出改革我国政府投资建设项目管理模式总的思路，构建了政府投资建设项目造价控制的总体框架。

本书可以为政府的投资决策、管理和实施部门提供改革和运行的理论方法及决策参考。

图书在版编目（CIP）数据

政府投资建设项目投资优化控制理论与方法/王新征著.
—北京：化学工业出版社，2019.9（2023.1 重印）
ISBN 978-7-122-34757-2

Ⅰ.①政… Ⅱ.①王… Ⅲ.①政府投资-基本建设投资-项目管理-研究 Ⅳ.①F283

中国版本图书馆 CIP 数据核字（2019）第 126452 号

责任编辑：徐　娟　　文字编辑：毕小山
责任校对：宋　玮　　装帧设计：韩　飞

出版发行：化学工业出版社（北京市东城区青年湖南街 13 号　邮政编码 100011）
印　　装：三河市延风印装有限公司
710mm×1000mm　1/16　印张 11　字数 182 千字
2023 年 1 月北京第 1 版第 2 次印刷

购书咨询：010-64518888　　售后服务：010-64518899
网　　址：http：//www.cip.com.cn
凡购买本书，如有缺损质量问题，本社销售中心负责调换。

定　　价：73.00 元

前 言

当前，我国已进入全面建成小康社会的决胜阶段。习近平总书记在党的十九大报告中提出“加强水利、铁路、公路、水运、航空、管道、电网、信息、物流等基础设施网络建设；以城市群为主体构建大中小城市和小城镇协调发展的城镇格局”。近年来，我国城镇化和基础设施建设快速推进、各项工程投资规模巨大，但同时，我国经济增速放缓，财政收入增速下降。如何将有限的财力投入到稳增长、惠民生等重要领域，切实保证财政资金使用效益和建设工程质量，已成为社会越来越关注的问题。

政府投资建设项目占用财政资金多，在国家宏观调控方面发挥着重要的作用，与人民群众的切身利益最相关。确保政府投资建设项目顺利完成建设目标，促进经济社会健康持续发展，让改革发展的成果更多惠及全体人民，有着十分重大的意义。在政府投资建设项目管理方面，国外许多国家，特别是发达国家的管理体制模式非常成熟，经过了相当长时间的实践验证，值得我国了解与借鉴。通过与之对比分析，探析我国在政府投资建设项目上投资控制的不足之处，可以为我国政府投资建设项目造价管理的健康发展开拓新的思路。

本书在充分把握国际工程造价管理前沿理论和国内政府投资建设项目造价管理现状与特点的基础上，借鉴国外先进的管理模式、投资的确定和控制方法，以及国内改革实践，建立适合我国国情的、符合国际惯例的政府投资建设项目全面投资控制模式，同时提出完善我国政府投资建设项目投资管理的建议，为有关政府投资决策、管理和实施部门提供改革和运行的理论方法及决策参考。本书的主要内容如下。

① 通过对目前我国现行的政府投资建设项目全过程造价管理模式进行细致的研究分析，对项目决策阶段、设计阶段、招投标阶段、施工阶段和竣工验收阶段的造价控制方法及采取的措施进行综合论述，探讨运用价值工程、模糊数学及层次分析法等数学方法控制建设项目的阶段投资，从而分析在目前市场经济体制下全过程造价管理模式表现出的弊端和局限性。

② 在调研大量国内外政府投资建设项目造价管理文献资料的基础上，

结合我国现行的政府投资管理特点，对我国政府投资建设项目利用全面造价管理理论进行适用性分析，提出了适用于我国政府投资建设项目的全面造价管理整体方案。

③ 介绍我国政府投资建设项目管理模式的历史沿革，分析其中的弊端和危害，对改革现有管理模式的必要性进行阐述，并将美国、英国、日本等发达国家和地区与国内一些试点地区的政府投资建设项目管理模式进行对比分析研究，归纳出发达国家和地区的政府投资建设项目管理模式中值得我国借鉴的地方。

④ 基于我国经济转型期的特点，提出改革我国政府投资建设项目管理模式的总思路，针对不同性质的政府投资建设项目采取不同的管理方式，并提出完善我国政府投资建设项目投资管理的一些相关措施。如选择适合我国国情的政府投资建设项目管理模式、建立造价管理监管体系、完善法律法规体系、健全决策机制与市场准入制、建立全社会诚信敬业机制等配套改革措施。

本书在研究和形成的过程中，得到了石家庄铁道大学段晓晨教授的倾心支持，是恩师把我引入了政府投资建设项目造价控制的领域，并给予了悉心的指导和帮助。最后还要特别感谢南阳师范学院在本书的出版过程中给予的大力支持。

限于笔者水平，书中难免存在缺陷和不足，敬请批评指正。

王新征

2018 年 11 月

目 录

第1章

绪 论

当前，我国已进入全面建成小康社会的决胜阶段。习近平总书记在党的十九大报告中提出“加强水利、铁路、公路、水运、航空、管道、电网、信息、物流等基础设施网络建设；以城市群为主体构建大中小城市和小城镇协调发展的城镇格局”。近年来，我国城镇化和基础设施建设快速推进、各项工程投资规模巨大，但同时，我国经济增速放缓，财政收入增速下降。如何将有限的财力投入到稳增长、惠民生等重要领域，切实保证财政资金使用效益和建设工程质量，已成为社会越来越关注的问题。

政府投资建设项目占用财政资金多，在国家宏观调控方面发挥着重要的作用，与人民群众的切身利益最相关。确保政府投资建设项目顺利完成建设目标，促进经济社会健康持续发展，让改革发展的成果更多惠及全体人民，有着十分重大的意义。政府投资建设项目是由政府通过财政投资、发行国债或地方财政债券向证券市场或资本市场融资，利用外国政府捐款、国家财政担保的国内外金融组织贷款，以及行政事业性收入兴建的固定资产投资项目。

社会经济的发展需要诸多方面的投资项目来“拉动”，一个国家的综合国力的提高需要依靠各种各样的投资项目。因此，投资项目的经济效益对社会经济的发展与综合国力的增强有着十分重要的意义。近年来，我国为了适应国际国内经济形式的需要，采取了积极的财政政策，基础设施投资力度进一步加大。资料显示，“十二五”期间，我国完成交通固定资产投资超过12.5万亿元，是“十一五”期间的1.6倍；全国铁路固定资产投资完成3.58万亿元，比“十一五”期间多完成1.15万亿元。2017年我国基础设施建设投资总额为17.31万亿元。但是，在政府投资建设项目迅速增长的同时，政府投资建设项目中却陆续出现了一些混乱现象，如“三超”工程、“胡子”工程、“马拉松”工程、“豆腐渣”工程，以及挪用资金、贪污腐败等严重事件。90%的项目结算金额超出政府投资计划，超支平均幅度达到

40%以上，这严重地影响国家计划、财政预算的执行，干扰工程建设领域的正常经济秩序。从某种意义上讲，目前工程造价管理理论和方法上的缺陷是导致工程管理问题层出不穷的根源。现实迫切需要建立起科学规范的工程建筑业管理体制和运行机制，科学规范工程造价管理体制和运行机制。探讨和寻求解决政府投资建设项目在投资确定决策、投资控制、投资体制等方面的制度性、理论性、实践性强的基本理论和方法已是势在必行。

1.1 政府投资建设项目的概念

1.1.1 投资项目

投资项目是指将一定数量的资金或资产投入到某种具有特定目标的对象、任务和事业中，以获取一定的经济效益和社会效益。

根据世界银行的解释，投资项目是在规定的期限内，为完成一项（或一组）开发目标而规划的投资、政策、机构以及其他各方面的综合体。一个投资项目一般要包括以下因素中的几个因素。

① 具有能用于土建工程和（或）机器设备及其安装等投资的资金。

② 具备提供有关工程设计、技术方案，实施施工监督，改进操作和维修等业务能力。

③ 拥有一个按集中原则组织起来的，能协调各方面关系，促进各类要素合理配置的高效、精干的组织机构。

④ 改进与项目有关的价格、补贴、税收和成本回收等方面的政策，使项目能与所属部门和整个国民经济的发展目标协调一致，并提高项目自身的经济效益。

⑤ 拟订明确的项目目标以及项目的具体实施计划。

1.1.2 政府投资建设项目

1.1.2.1 政府投资建设项目的定义

（1）政府投资建设项目的由来

政府投资建设项目是在我国改革开放中出现的一个新概念，是指出于对国家和社会的公共性利益考虑，借助财政性投资、政府间支援或政府担保的国际融资等投资兴建的固定资产投资项目。有些国家叫做“政府工程”

(Government Project)，如美国；也有的国家和地区叫做“公共工程”（Public Project)，如日本等。

2000年，深圳市政府首次在政府文件中提出“政府投资建设项目”这一概念，即利用市本级预算内资金、土地开发基金以及其他财政性资金所进行的固定资产投资建设项目。对于政府投资建设项目的概念的认识是一个渐进加深的过程，应该看到，政府投资建设项目无疑比财政性基本建设资金投资项目的内容更宽，除了财政性资金外，还应包括财政担保的国内外金融组织的贷款、外国政府赠款以及国际援助资金等。鉴于此，1999年下半年，由财政部牵头，组织有关专家、学者多次专题讨论，最后于2000年年初出版了《政府投资项目标底审查实务》一书，并在该书中正式提出了政府投资建设项目的定义。

（2）政府投资建设项目的概念

投资建设项目按照资金来源分为政府投资建设项目与非政府投资建设项目是符合中国国情的。

适合我国政府投资建设项目的定义如下：为了适应和推动国民经济或区域经济的发展，为了满足社会的文化、生活需要，以及出于政治、国防等因素的考虑，由政府通过财政投资、发行国债或地方财政债券，向证券市场或资本市场融资，利用外国政府赠款、国家财政担保的国内外金融组织贷款，以及行政事业性收入等方式独资或合资兴建的固定资产投资项目。

1.1.2.2 政府投资建设项目的分类及特点

（1）政府投资建设项目的分类

① 投资项目的分类。按照项目产品自身的特点及其市场环境，投资项目可分为竞争性投资项目、基础性投资项目和公益性投资项目。

竞争性投资项目主要指投资收益比较高、产品垄断程度低、市场调节比较灵敏、竞争性比较强的一类项目。这类项目一般由企业担当投资主体。

基础性投资项目主要指那些具有自然垄断性、建设周期长、投资额大而收益低的基础设施和需要政府重点扶植的部分基础工业投资项目，以及直接增强国力的符合经济规模的支柱产业投资项目。这类项目多数属于政策性投融资范围，主要由政府集中必要的财力、物力，通过经济实体担当投资主体。另外还鼓励大型骨干企业参与投资，有时还可吸收外商直接投资。

公益性投资项目是指那些不为盈利，而为实现一定的社会职能或满足社会的公共需要及人民福利而进行的投资项目，包括科技、文教、卫生、体育和环保等事业的投资，公、检、法等政法机关的建设投资，以及政府机关、社会团体办公设施、国防建设等投资。这类投资项目主要由政府财政资金安排，理应由政府直接担当投资主体。

② 政府投资建设项目的分类。如果按照项目产品自身的特点及其市场环境，政府投资建设项目是指上述后两类投资项目，即基础性投资项目和公益性投资项目；如果按照项目投资的目的，政府投资建设项目可以分为盈利性的政府投资建设项目和非盈利性的政府投资建设项目；如果按照资金来源，政府投资建设项目又可分为财政性投资项目、财政担保银行贷款建设项目、国债专项投资项目和国际援助建设项目。

（2）政府投资建设项目的特点

由于政府投资工程是以政府财政基本建设资金为投资主体的项目，所以它具有与一般投资工程不同的特点。从理论上分析，政府投资工程应该大多数是为社会提供公共产品的，即主要提供非盈利的为社会大众所需的项目，但也可能包括一些虽盈利，却难以收回投资或投资期较长的基础设施项目。在近期，政府投资建设项目也可能会因国家发展高新技术产业，迎接知识经济挑战的产业政策而涉足部分高风险、高收益的高新技术产业等。综上所述，我们可以概括出政府投资建设项目有以下主要特点。

① 政府投资建设项目大多数集中在为社会发展服务、非盈利的公益性基础设施项目。

② 政府投资建设项目一般投资额大、风险大、影响面大。

③ 政府投资建设项目具有比一般项目更严格的管理程序，包括严格的立项审批制度、严格的政府采购制度、严格的项目评审程序和严格的项目管理制度等。

④ 政府投资建设项目更容易受到社会各界舆论的关注，它更重视的是社会效益而不是盈利性。

1.2 政府投资建设项目国内外实施现状分析

1.2.1 国内实施现状分析

改革开放以来，我国的建筑业蓬勃发展，建设工程项目的规模也在不断地扩大，政府投资建设项目作为建筑业的重要组成部分，在国民经济中所占的比重也越来越大。目前我国政府工程建设管理方面的很多工作还存在很多不够完善的地方，特别是在工程的造价管理上做得还不够细致、不够到位。我国目前政府投资建设项目的造价管理基本上沿袭了计划经济体制下的传统，即由建设单位提出项目建议书和可行性研究报告，编制投资估算，政府投资管理部门进行审批决策，确定投资额度和年度投资计划，财政部门核拨建设资金，再由建设单位组织基建班子进行建设，对一个阶段的项目造价进行管理。我国政府投资建设项目的造价管理主体是国家发展和改革委员会（决策部门）、财政部和审计署（资金管理与监督部门）、各行业行政管理部门（实施监督部门）与建设单位（资金使用部门），通过它们之间的协调和制衡实现对投资项目建设过程的造价控制与财政资金的使用。

目前我国采用的工程造价管理模式是以定额为计价基础的全过程工程造价管理模式，比较适用于计划经济体制。在我国加入 WTO（世界贸易组织），并初步建立社会主义市场经济体制的情况下，这种模式表现出了明显的不适应性，主要表现在以下几个方面。

① 投资目标确定方法不科学。工程造价管理的重点放在施工阶段，而没有把决策、设计阶段的造价管理放在突出的位置，投资目标预测准确性差。

② 强调建设期的建设成本，而对未来的运营和维护成本不予考虑或考虑很少，全生命造价管理理念因缺乏相应配套基础数据而仍停留在理论探讨上。

③ 我国施行的是静态的工程造价管理方式，无法与工程造价要素的市场价格同步，从而不能反映工程的真实价格，且与国外动态工程造价的管理不接轨。

④ 主动控制和影响工程造价的意识不强。现行投资控制方法上还基本上是事后控制，事前控制仍以理论探讨居多，而没有付诸实施。

⑤ 投资责任主体“虚位”，政府投资管理权力没有有效的体制和机制监督制衡。政府投资管理部门和管理人员有权无责无监，政府投资决策、确定和控制形成“权力真空”“权力屏蔽”“权力暗箱”“权力私有化”“权力寻租化”，信息不对称现象严重。

目前，我国政府投资建设项目的造价管理也存在很多不完善的地方。譬如有些政府投资建设项目，前期的立项、设计工作均由使用单位负责管理，使用单位缺乏专业技术力量，导致前期工作开展不够扎实，甚至在申报概算计划时存在缺项和漏项情况，然后交给建设单位开展建设实施工作时，便会存在计划下达的投资资金不足并增加造价变更的现象。另外，政府委托的建设单位也存在投资决策阶段不科学、设计阶段投资计划监管不到位、招投标阶段控制不严、对施工阶段的造价管理控制不到位的现象。总体来说，这都与领导决策以及参与整个项目的相关人员素质有着密不可分的关系。政府及有关单位对政府工程的造价管理应当进行全过程监督管理。

我国将建设项目分为政府投资建设项目和私人项目是从近几年才开始的，而且大部分还停留在学术研究层面。对政府投资建设项目的资金控制与管理问题，财政部门和建设部门都有过一些研究，但多数仅停留在现有体制基础上的局部工作严格化和改进的程度。一些触及体制改革的研究也大多仅是提出了市场化的改革方向建议，并未进行深入探讨和具体方案研究。

在政府投资建设项目的管理机构和管理体系方面，参考国外做法，一些学者提出了改革建议，以主张部门合并者为多，但如何合并，以及合并后的职责和工作程序等方面的问题很少有研究涉及。实践中，对于非盈利的政府投资建设项目，建设单位、建设管理部门和财政部门由谁为主进行管理，充当业主，意见分歧较为明显。而从业主负责制转过来的项目法人负责制也存在着投资管理上的致命问题：项目法人负责制将工程建设和使用管理合二为一，由缺少工程建设专业经验的一次性项目法人负责，缺乏必要的制约机制和工程管理的连续性，不仅不利于工程建设水平的提高，政府管理部门也难于实施有效的监督。无论是宏观管理体制还是微观管理体制，政府投资建设项目的管理机构和管理体系都值得进一步研究。

目前，我国财政开支规范性还比较差，政府采购制度尚未有效建立，政府投资工程的采购制度尤为落后。由于长期以来财政管理和工程管理分属不同的系统部门和学科，从财政管理角度研究政府采购的学者对于工程造价和管理的知识掌握有限，往往在涉及政府工程投资时只能以“很重要”“应严格管理”等语言做表面说明；而从工程管理角度研究政府采购的学者对于财政支出和管理知识的理解也比较模糊，难免局限于从微观角度研究如何在设计、施工中减少成本费用，不能从全局把握政府对建设工程的采购管理。因而，必须加强这种跨学科问题的研究。

另外，在建设项目的政府采购制度中，市场化的工程计价方法的研究至关重要。在市场经济体制下，不考虑市场价格变化的定额管理不可能使建设项目的投资额成为一个准确数字，从而也不可能搞好控制和管理。现在许多学者提出“量价分离，动态控制”“定额量、市场价、竞争费”“概预算控制”的市场化改进建议，但这些建议大多还受到传统工程造价管理体制的束缚，还没有完全跳出原有基于标准定额造价管理的限制，没有打破原有的制度框架。市场化的量的计算规则与现有的定额量是有很大区别的。市场价格是一个包括单体价格信息、综合造价指数的发布体系和已完工程造价信息库的综合体系，不是简单的市场价格调研结果。

在投资预算和控制制度方面，我国的研究者也提出了诸如国家监督（如监事会制度）、社会监督（如项目监理制度）和责权利相互结合（项目法人制）的探讨，但由于根本的管理体制和计价原则没有改变，工程各方的市场化运作机制没有形成，监控管理效果并不理想。对工程参与各方进行拆分和社会化，由独立的造价工程师、注册建造师、承包商等各自完成相应的工作，统一对投资管理部门负责，并对自己的工作环节和工作部分独立承担法律责任，是需要继续深入研究的一项重要内容。

先进的投资控制方法和建设方式在当前也已经有了一定研究基础，如LCC（全生命周期造价管理）、TCM（全面造价管理）方法和CM（建设管理模式）、BOT（建造—运营—移交）建设方式，国内都进行了相当多的研究，但这些大都局限在现有投资管理体制下，而且这些方法和方式发展迅速，许多先进的理论可以运用到政府投资建设项目的资金控制过程中，所以需要不断地进行探索。

1.2.2 国外实施现状分析

当前国际上对政府投资建设项目资金控制领域的研究工作以美国、英国、日本、法国、德国等西方资本主义发达国家为典型，涉及政府投资建设项目的管理机构、目标模式、决策程序、评价方法、建设方式、政府采购的运作模式、支付监控体系等各个方面。这些国家经济发展水平高，市场制度发达，政府投资控制体制经历了上百年的经验积累和演化发展，具有相对完善的组织体系、控制方法体系和配套制度体系，控制能力强。就现实情况来看，这些国家的政府投资建设项目资金控制的模式并不完全相同，但同时也存在着比较明显的共同之处。

① 在项目规划、决策和实施管理的过程中，都有比较集中的政府管理机关，这些政府管理机关的权利义务关系高度明确统一，在项目的全过程中充当“业主”身份，负责项目造价控制、质量保证等方面的监控管理工作，在项目验收试用后才交付政府使用部门。比如英国主管政府工程的环境交通

区域部，在职能上等同于我国的交通、建设、铁道、航空、水利等系统；日本的国土交通省在职能上等同于我国的交通、建设等系统。美国政府在工程建设管理方面分得比较细，其身份地位角色摆放得比较好，能够起到一种教练管理的作用。

② 采用规范的政府采购制度，通行市场化的造价原则。政府采购制度是规范财政开支的有效制度。西方国家普遍把政府投资建设项目作为政府采购的一个重要部分，对其操作给予了高度的重视，其中政府招标中的“标底”测算最值得我国参考。标底的测算方法和依据同时也是投标者核算费用、提供报价的依据，是确定和控制工程投资量的基础和开始。国外普遍依照市场机制，在规定统一的工程量计算依据和规则［如《英国建筑工程标准计量规则（第七版）》、日本的积算基准］的基础上，根据市场和竞争形势确定工、料、机的单价和相关费用、税金，再按照本企业自己的定额标准计算方法计算工程投资总量。

③ 严格的投资预算和控制制度。发达国家对于政府投资建设项目的资金控制是通过市场化、社会化的投资测算控制体系和严格的法律责任制度来实现的。预算师、建筑测量师、工程师、承包商等参与者都是市场中的独立实体，他们在项目中分工合作，在法律责任的约束下相互牵制控制，其中在投资测算和控制中以预算师、建筑测量师（在我国称为“造价工程师”）最为典型，他们受政府决策部门或承包商的委托，独立完成造价投资预算，并对其承担法律责任，避免了类似我国“可行性研究报告”变为“可批性报告”和“钓鱼工程”的现象。

④ 在投资控制中，运用多种先进的具体控制方法和有利于政府投资控制的建设方式。其中包括投资造价控制方法，如经营过程再造方法（Rebuilding Business Process，RBP）、作业持续改善方法（Continue Improvement，CI）、已获价值管理法（Earned Value，EV）、基于活动的成本管理方法（Activity-based Costing，ABC）、全生命周期造价管理（Life Cycle Costing，LCC）、全面造价管理（Total Cost Management，TCM）等；有利于政府投资控制的建设方式，如建设管理模式（Construction Management Approach，CM）、设计—建造方式（Design-Build，DB）、设计—管理方式（Design-Management，DM）、建造—运营—移交方式（Build-Operate-Transfer，BOT），以及新型的合作式管理建设方式（Partnering）和民间主动融资模式（Private Finance Initiation，PFI）等。

1.3 研究内容

运用公共财政支出管理的基本知识、国际最新的全面造价管理TCM（Total Cost Management）理论和方法，以及前沿的投资控制方法，结合国内政府投资建设项目的资金控制和项目管理现状和动态，吸取我国厦门、深圳、东莞等地的投资和造价管理试点经验，本书将从以下几个方面展开研究和探讨。

（1）分析我国现行全过程造价管理模式存在的问题

首先对目前我国现行的政府投资建设项目全过程造价管理模式进行细致的研究分析，对项目决策阶段、设计阶段、招投标阶段、施工阶段及竣工验收阶段的造价控制的方法和采取的措施进行综合论述，探讨运用价值工程、模糊数学及层次分析等数学方法控制建设项目的阶段投资。分析在目前社会主义市场经济体制下全过程造价管理模式表现出的弊端和局限性。

（2）引入政府投资建设项目全面造价管理理论

项目的全面造价管理是一种全新的项目造价管理模式，它强调在项目造价的分析、确定与控制中一定要全面考虑各种要素的影响、各个阶段的造价、确定性和不确定性造价，并且相关利益主体都要参与项目的造价管理。其包括四个方面：全过程造价管理、全要素造价管理、全风险造价管理、全团队造价管理。本书在调研大量国内外政府投资建设项目造价管理文献资料的基础上，结合建设项目全面造价管理的特点，对我国政府投资建设项目利用全面造价管理理论进行适用性分析。全面造价管理理论主要从以下几个方面进行研究。

① 在全过程造价管理中，吸收了我国传统全过程造价管理好的经验做法，并尝试将项目的全过程扩展到项目的运营维护阶段，引入全过程—全生命周期（WLC）的造价管理模式，并结合显著性成本（CS）理论，提出基于显著造价理论的全生命周期造价数学模型。

② 项目实现过程中的一系列不确定因素，直接影响到建设项目的造价。对影响项目造价的不确定性进行数值分析，提出风险造价管理的应对措施。

③ 在建设项目的全过程中，影响建设项目造价的基本要素有三个：工期要素、质量要素和造价要素本身。在建设项目全过程中，这三个要素是可以相互影响和相互转化的。本书提出利用“赢得值”原理来实现工程项目造价、工期和质量的集成管理，从而实现全面控制造价变动的目标。

④ 在政府投资项目中涉及不同的利益主体，为了提高政府投资建设项目管理的水平，本书以全团队造价管理的思想为内核，尝试基于“Partnering”模式来设计，在各利益主体之间形成一种合作伙伴关系，以此来推动项目完成，使系统的目标以高效率实现，最终实现“多赢”。

(3) 对比不同国家的政府投资建设项目管理模式

介绍我国政府投资建设项目管理模式的历史沿革，分析其中的弊端和危害，并对改革现有管理模式的必要性进行阐述，将美国、英国、日本等国家与国内深圳、珠海等一些试点地区的政府投资建设项目管理模式进行对比分析研究，归纳出发达国家和地区通行的政府投资建设项目管理模式中值得我国借鉴的地方。

(4) 提出我国政府投资建设项目管理模式总思路

在借鉴发达国家经验的同时，应考虑我国经济转型期的特点，提出改革我国政府投资建设项目管理模式的总思路，区分政府投资建设项目与非政府投资建设项目，区分非经营性和经营性政府投资建设项目，采取不同的管理方式。同时，提出完善我国政府投资建设项目投资管理的一些相关措施，如选择适合我国国情的政府投资建设项目管理模式、建立造价管理监管体系、完善法律法规体系、健全决策机制和市场准入制、建立全社会诚信敬业机制等配套改革措施。

1.4 研究目标

通过本书研究，建立适合中国国情的、符合国际惯例的政府投资建设项目全面投资控制管理模式，探索具有国际先进性和前沿性的全面投资控制理论和方法，合理确定和有效控制工程造价，提高建设项目投资决策水平和投资效益。从根本上解决政府投资建设项目“三超”“烂尾”“马拉松”等问题，在保证工期质量的前提下，确保政府投资建设项目投资额度合理，实际投资不超过投资限额，并有所节余，杜绝腐败和滥用资金现象。保证每年数千亿元的政府投资建设项目顺利实施，为有关投资管理、决策、实施部门和单位提供决策依据。

1.5 研究意义

政府投资建设项目的大量投入与广大人民群众的利益是息息相关的，其主要目的就是为了满足人民群众生活的需要，并提高人民群众的生活质量。政府投资建设项目存在建设周期长、建设项目量巨大、建设项目过程复杂的情况。国外许多国家特别是发达国家的管理体制模式非常成熟，经过了相当长时间的实践验证，值得我国了解与借鉴。我们可以通过与之对比分析，发现我国在政府投资建设项目上投资控制的不足之处，为我国政府工程造价管理的健康发展开拓新的思路，也对我国社会经济的健康发展带来理论指导意义。

本书在研究国外发达国家和地区政府投资建设项目管理理论和方法的基础上，探索适合我国国情的政府投资建设项目的资金控制管理理论和方法，是一项宏观和微观结合，跨财政管理和工程管理学科的研究课题，这项研究可以在以下方面进行应用并有望产生可观的经济效益和社会效益。

① 在工程建设领域的政府投资管理改革中应用，对政府投资建设项目的管理机构及其体制改革提供理论依据，对规范政府支付和采购提供措施建议，最终避免政府投资的失控现象，解除财政投资压力。

② 在政府投资建设项目决策阶段的投资估算、设计概算及招投标的合同价测算中应用，提供市场化的科学计算方法建议，做到核算政府投资建设项目真实的成本费用，避免工程“三超”，节省财政资金。

③ 在政府投资建设项目的管理监控活动中应用，提供先进的管理监控制度建议和具体科学的投资预测控制方法及建设方式，以达到在随市场进行投资的合理调整下的严格投资控制，最大限度发挥政府投资的效用。

④ 从投资决策科学性角度来看，基于全过程—全生命周期工程造价管理理论中的成本分析，指导人们自觉地、全面地从项目全生命周期出发，综合考虑项目的初始化建设造价和运营与维护成本，从多个可行性方案中，按照全生命周期造价最小化的原则，选择最佳的投资方案，从而实现更为科学合理的投资决策。

⑤ 科学合理地解决政府投资建设项目中投资控制存在的问题，为国家有关部门进行规划、决策和投资控制提供正确的依据，具有十分重要的理论价值和现实意义。

1.6 特色与创新之处

本书是财政支出管理和工程造价控制的交叉性问题研究，既有理论探讨，又有实践方法研究。本书中的研究针对我国普遍存在的现实问题展开，在大量借鉴发达国家经验的基础上，结合我国的具体情况和发展动态，运用最新的技术和原理构造我国的政府投资建设项目投资全面动态控制模式。创新性主要体现在以下几个方面。

① 国际上前沿的全面造价管理技术在政府投资建设项目投资控制中的应用。

② 将项目的全过程扩展到项目的运营维护阶段，引入项目全生命周期造价（WLC）的概念，结合显著性成本（CS）理论，提出基于显著造价理论的全生命周期造价数学模型。

③ 利用“赢得值”原理，建立工程项目三要素造价与工期、质量集成造价控制模型。

④ 以全团队造价管理的思想为内核，尝试基于 Partnering 模式（合伙模式）在各利益主体之间形成一种合作伙伴关系。

⑤ 提出一种新的经营性政府投资建设项目管理模式——项目法人招标制。

⑥ 提出政府投资建设项目内外全面投资约束机制理论、诚信记录制、市场准入制及造价信息数据库的网络化管理。

第 2 章

政府投资建设项目全过程造价控制研究

随着我国市场经济体制改革的深入和建筑业的迅速发展，投资控制已成为建筑业基本建设健康发展中的一个突出问题。20 世纪 80 年代中期，我国一批工程造价管理领域的工作者先后提出了工程项目的全过程造价管理思想。其着重点是充分发挥定额在工程造价管理各阶段的作用，重视项目决策阶段的管理，强调控制建设项目投资是工程建设管理的重要组成部分，借助信息系统有效地对工程造价进行全过程管理等。

目前，全过程造价管理的理论基础及实际运用已得到了完备的发展，其主要内容包括：决策阶段工程造价管理的重点是保证建设单位编制计划任务书的科学性和可靠性；设计阶段的造价控制是整个工程造价控制的决定性环节，其工作质量的好坏直接影响工程质量、使用效果以及投资回报的效益；工程建设实施阶段包括招投标和工程实施两个阶段；招投标阶段工程造价管理的重点是抓好招投标管理和合同管理，在施工阶段严格审查索赔报告，实行动态控制，加强资金相关统计预测；竣工决算是建设项目的全部工程完工，并经业主方和工程建设质量监督部门验收合格交工后，各项资金使用情况的最终结果。全过程造价管理流程如图 2-1 所示。

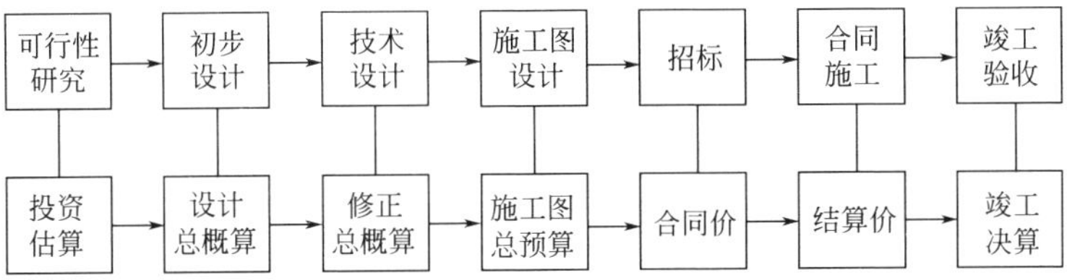

图 2-1　全过程造价管理流程示意

工程项目全过程投资控制的意义，是要确保在批准的项目投资计划内完成工程项目的建设，通过对各项具体活动的科学管理，实现对建设项目各个阶段投资的控制，然后通过对各个阶段投资的控制，实现对于整个建设项目全过程的投资控制。建设项目的全过程包括投资决策阶段控制、设计阶段控制、招投标阶段控制、施工阶段控制、竣工结算阶段控制等。而投资控制始终贯穿于其中，每一个阶段和环节都离不开项目费用的控制。因此，全过程投资控制对象包括了项目各个阶段所涉及的所有投资和费用。

2.1 项目的建设程序

2.1.1 建设程序的概念

建设程序是指建设项目从设想、选择、评估、决策、设计、施工到竣工验收、投入生产整个建设过程中，各项工作必须遵循的先后次序的法则。这个法则是人们在认识客观规律的基础上制定的，是建设项目科学决策和顺序进行的重要保证。按照建设项目发展的内在联系和发展过程，建设程序分为若干阶段，这些发展阶段有严格的先后顺序，不能任意颠倒，违反其发展规律。

项目的建设程序并非我国独有，世界各国包括世界银行在内，在进行项目建设时，大多有各自的建设程序。以世界银行为例，它对项目的管理一般分为以下五个步骤。

① 项目的选定。在世界银行根据规定制订的贷款计划内，结合各国计划部门制订的国民经济发展计划，经双方决定贷款项目。

② 项目准备。由建设单位负责可行性研究，准备向世界银行提供各种资料。

③ 项目的评估。由世界银行派员完成评估报告，经项目所在国校正后，送交世界银行董事会审批。

④ 贷款谈判签约。

⑤ 项目总结（后评价）。在项目完成一年后进行。

按照我国现行规定，一般大中型项目和限额以上的项目从建设前期工作到建设、投产要经历以下几个阶段的工作程序。

① 根据国民经济和社会发展长远计划，结合行业和地区发展规划的要求，提出项目建议书。

② 在勘察、试验、调查研究及详细技术经济论证的基础上，编制可行性研究报告。

③ 根据项目的咨询评估情况，对建设项目进行决策。

④ 根据可行性研究报告编制设计文件。

⑤ 初步设计经批准后，做好施工前的各项准备工作。

⑥ 组织施工，并根据工程进度，做好施工准备。

⑦ 项目按批准的设计内容建完，经投料试车验收合格后，正式投产，交付生产使用。

⑧ 生产运营一段时间后（一般为两年），进行项目后评估。

2.1.2　建设程序的步骤和内容

目前我国基本建设程序的主要阶段是：项目建议书阶段、可行性研究报告阶段、设计工作阶段、建设准备阶段、建设实施阶段、竣工验收和后评估阶段（图 2-2）。这几个大的阶段中，每一个阶段都包含许多环节，这些阶段和环节各有其不同的工作内容，它们依照本身的固有规律，有机地联系在一起，并有着客观的先后顺序。

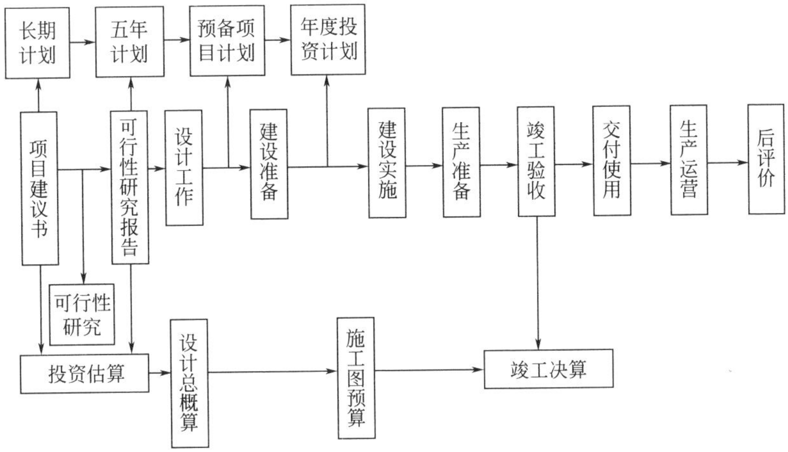

图 2-2　我国基本建设程序示意

2.2　政府投资建设项目决策阶段的造价控制

2.2.1　投资决策阶段控制工程造价的意义

所谓投资决策是指选择和决定投资行动方案的过程，对拟建项目的必要性和可行性进行技术经济论证，对不同建设方案进行技术经济比较和判断，并做出决定和选择的过程。正确的项目投资行动来源于正确的项目投资决策。项目决策正确与否，直接关系到项目建设的成败，关系到工程造价的高低及投资效果的好坏。在建设项目的决策阶段，业主要通过市场调研、机会分析，最终形成可行性研究报告，再通过对项目的评估，最终确定该项目实施与否。

政府投资建设项目的工程投资是关系到国计民生的一件大事，建设项目的投资控制贯穿于项目实施的全过程，从项目的可行性研究阶段、设计阶段和建设实施阶段直至竣工验收阶段都存在投资控制问题。投资控制不是单纯的经济工作，投资控制的任务也绝不仅仅是财务部门的事，而是技术、经济与管理的综合。由于各阶段的性质、任务和要求不同，因此其对工程造价的影响程度也不同。投资决策阶段控制工程造价具有十分重要的意义。首先，投资决策阶段控制工程造价，是正确确定建设项目计划投资数额的关键，对项目投资者正确控制投资目标值具有重大意义。不论何种项目，其前期工作的核心都是编制符合实际的投资估算值。正确确定投资估算值，对于以后控制初步设计概算、施工图预算，实现投资者预期的投资效果具有重大的影响。其次，相对于建设项目的其他后续工作来说，投资决策阶段控制造价，对建设项目经济效果好坏的影响最大。因此，在此阶段控制工程造价，对整个建设项目来说，节约投资的可能性最大。在项目的建设过程当中，节约投资的可能性随着建设过程的进展而不断减少。建设项目各阶段对项目经济性的影响程度如图 2-3 所示。可以看出，决策阶段控制造价对项目经济性的影响高达 95%～100%。

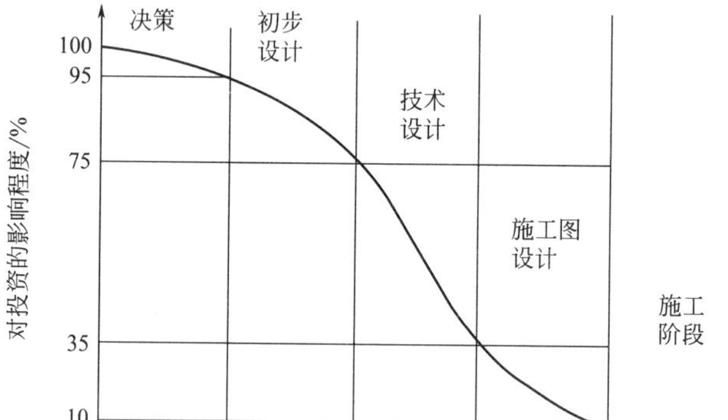

图 2-3 建设项目各阶段对项目经济性的影响

2.2.2 政府投资建设项目决策阶段工程造价控制的主要方法

目前，我国固定资产投资估算分为静态投资部分和动态投资部分。基本涨价预备费、建设期利息和固定资产投资方向调节税构成动态投资部分，其余部分为静态投资部分。

2.2.2.1 静态投资部分的估算方法

(1) 单位生产能力投资估算法

单位生产能力投资估算法是建设项目的投资额除以生产能力求得的，可以根据类似企业的单位生产能力投资，估算新建设项目的单位生产能力投资，计算公式如下。这种估算方法的估算结果精度较差，它将生产能力和基建投资看作是简单的线性比例关系，而实际上这种线性比例关系是很少的，只有生产能力比较接近时才比较准确，在使用时需注意已建设项目和拟建项目的可比性，还要注意对计算结果进行必要的调整，因为完全相似的建设项目是很少的。

$$I_2 = X_2 \frac{I_1}{X_1} C_F \tag{2-1}$$

式中 X_1——类似项目的生产能力；

X_2——拟建项目的生产能力；

I_1——类似项目的固定资产投资额；

I_2——拟建项目的固定资产投资额；

C_F——新老项目建设间隔期内价格上涨调整系数。

运用该方法进行投资估算时，应该注意拟建项目与同类项目的可比性，其他条件也应大体相同，否则误差是很大的。该方法将同类项目的固定资产投资额与其生产能力简单地视为线性关系，与实际情况差距较大。就一般项目而言，在一定范围内，投资的增加幅度要小于生产能力的增加幅度，因此，运用该方法进行固定资产投资估算得出的结果误差较大。

(2) 生产能力指数估算法

生产能力指数估算法是指根据成套生产工艺设备的已知装置能力投资额，估算拟建项目的投资额。生产能力不同的两个同类企业，其投资与生产能力之比的指数幂成正比，其计算公式如下。

$$I_2 = I_1 \left(\frac{X_2}{X_1}\right)^n C_F \tag{2-2}$$

式中 X_1——类似项目的生产能力；

X_2——拟建项目的生产能力；

I_1——类似项目的固定资产投资额；

I_2——拟建项目的固定资产投资额；

n——装置能力指数，一般为0.6左右；

C_F——新老项目建设间隔期内价格上涨调整系数。

这种方法比单位生产能力投资估算法精确，但必须根据大量的建设项目统计资料求出 n。n 的具体值根据建设项目的性质来确定，当依靠增大设备尺寸扩大生产规模时，n 值为0.6～0.7；当依靠增加设备数量扩大生产规模时，n 值为0.8～0.9；高温高压的工业性生产工厂，n 值为0.3～0.5。根据统计资料，n 的平均值大约为0.6，故此法又称0.6指数法。

该方法将同类项目的固定资产投资额与其他生产能力的关系视为非线性关系，比较符合实际情况，因而投资估算值比上面的方法要准确一些。运用该方法进行投资估算时，同样要注意拟建项目与同类项目的可比性，其条件应该大体相同，否则误差也是比较大的。

(3) 比例估算法

这种方法要先根据统计资料求出同类型企业主要设备投资占全厂固定资产投资的比例，然后估算出拟建项目的主要设备投资，即可按比例求出拟建项目的固定资产投资，计算公式如下。

$$I=\frac{1}{k}\sum_{i=1}^{n}Q_iP_i \tag{2-3}$$

式中 I——拟建项目的固定资产投资；

k——主要设备投资占拟建项目固定资产投资的百分数；

n——拟建项目的设备种类；

Q_i——第 i 种设备的数量；

P_i——第 i 种设备的到厂单价。

比例估算法是以大量的调查资料为基础进行估算的，因此，只有深入调查和研究同类项目资料，才能提高估算的准确度。特别是在工程的可行性研究初级阶段，由于设计深度不够，某些工程的结构特征很难确定，因此计算困难且复杂，没有考虑工程的质量、工期、施工企业管理水平等。

(4) 郎格系数法

这种方法是以设备费为基数，乘以适当系数来推算项目的建设费用，其计算公式如下。

$$D=C(1+K_i)K_C \tag{2-4}$$

式中 D——总建设费用；

C——主要设备费用；

K_i——管线、仪表、建筑物等直接费用的估算系数；

K_C——包括工程费、合同费、应急费等间接费在内的总估算系数；

总建设费用与设备费用的比值，即郎格系数。这种方法比较简单，但没有考虑设备规格、材质的差异，因此精确度不高。

(5) 工程建设概算指标估算法

概算指标用整个建筑物，以每 $100m^2$ 建筑面积为单位，规定人工、材料、机械、设备消耗量及造价，可用于可行性研究中的投资估算。该方法估算的准确度较高，但应用比较麻烦，而且要求设计必须达到一定的深度才能使用。

2.2.2.2 动态投资部分的估算方法

建设项目投资的动态部分主要包括价格变动可能增加的投资额、建设期利息两部分内容，如果是涉外项目，还应计算汇率的影响。动态部分的估算应以基准年静态投资的资金使用计划为基础来计算，而不是以编制的年静态投资为基础计算。

(1) 涨价预备费的估算

涨价预备费的估算可按国家或部门的具体规定执行，其计算公式如下。

$$E = \sum_{n=1}^{N} F_n \left[(1+p)^{c+n} - 1\right] \tag{2-5}$$

式中 E——工程造价涨价预备费；

N——施工总工期，年；

F_n——施工期第 n 年的分年度投资额；

c——投资估算编制年至开工年年限，年；

n——开工年至结（决）算年年限，年；

p——工程造价的年增长率。

(2) 汇率变化对涉外建设项目动态投资的影响

汇率是两种不同货币之间的兑换比率，或者说是以一种货币表示的另一种货币的价格。汇率的变化意味着一种货币相对于另一种货币的升值或贬值。在我国，人民币与外币之间的汇率采取以人民币表示外币价格的形式给出，如 1 美元=6.6 元人民币。由于引进世界银行贷款项目的投资中包含人民币以外的币种，需要按照相应的汇率把外币投资额换算成人民币投资额，所以汇率变化会对涉外项目的投资额产生影响。

（3）建设期利息的计算

建设期利息是指项目借款在建设期内发生并计入固定资产的利息。计算建设期利息时，为了简化计算，通常假定当年借款按半年计息，以上年度借款按全年计息，计算公式如下。

各年应计利息=(年初借款本息累计+本年借款额/2)×年利率

年初借款本息累计=上一年年初借款本息累计+上年借款+上年应计利息

本年借款=本年度固定资产投资-本年自有资金投入

对于有多种借款资金来源，每笔借款的年利率各不相同的项目，既可分别计算每笔借款的利息，也可先计算出各笔借款的加权平均年利率，再以此利率计算全部借款的利息。

2.2.3 政府投资建设项目决策阶段投资控制措施

（1）积极做好项目决策前的准备工作，认真收集相关资料

要做好项目的投资预测，需要很多资料，如工程所在地的水电路状况、地质与环境情况、主要材料设备的价格资料，以及现有已建类似工程资料等。要做好基础资料的收集，对资料的准确性、可靠性认真分析，保证投资预测、经济分析的准确。

（2）认真做好市场研究，切实做好项目可行性研究报告

市场研究是对拟建项目所提供的产品或服务的市场占有可能性的分析。包括国内外市场在项目计算期内对拟建项目的需求状况，类似项目的建设情况，国家对该产业的政策和今后发展趋势等。要做好市场研究，就要在充分调查研究、收集资料的基础上，根据国家经济发展的长远规划、经济建设方针政策，结合工程建设的条件和投资效果，提出项目建议书，编制项目可行性研究报告。

（3）科学地确定投资估算

投资估算是供建设项目决策的依据，直接关系到国民经济评价及财务分析结果的可靠性、正确性、合理性。投资估算的编制必须坚持适用、经济、美观的原则，根据项目投资的构成，充分研究建设标准、质量要求、建筑材料的性能价格等情况，采用科学的估算方法和可靠的数据资料，合理地计算投资估算。只有细致地做好投资估算，才能保证其他阶段的投资被控制在合理范围内，使投资控制目标能够实现。

（4）推行建设监理制度

目前大多数工程项目的建设监理还仅停留在施工阶段，并没有应用于项

目实施的整个过程，特别是投资决策阶段。因此，应拓宽监理工作的范围和内容，把监理制引入决策阶段。在数据资料的收集阶段，应保证数据资料的准确、可靠，保证数据能真实反映实际情况，为最终得出可靠的结论打下基础；在具体的研究阶段，应以严谨认真的态度、科学的方法，将宏观分析与微观分析相结合、定性分析与定量分析相结合、静态分析与动态分析相结合、专业分析与综合分析相结合，对项目前景进行分析，确定出能真正反映项目投资额的投资估算；在做出结论阶段，建设监理应促使可行性研究报告的编制单位以客观公正的态度和研究的具体成果得出项目可行或不可行的结论。以这样的结论为依据做出的决策，才能真正优化投资行为，使各建设项目产生良好的投资效益。

（5）建设项目的经济评价

建设项目的经济评价主要是指在项目决策阶段的可行性研究和评估中，采用现代经济分析方法，对拟建项目计算期（建设期和生产经营期）内投入产出的诸多经济因素进行调查、预测、研究、计算和论证，从而比较、选择和推荐最佳方案的过程。经济评价是在完成一项技术方案或同一经济目标后，对所取得的劳动成果与劳动消耗的比较的评价，它的评价结论是项目决策的重要依据。经济评价是项目可行性研究和评估的核心内容，其目的是力求在允许的条件下，使投资项目获得最佳的经济效益。

建设项目的经济评价包括财务评价和国民经济评价两个层次：财务评价是在国家现行财税制度和价格体系下，计算项目范围内的效益和费用，分析项目的盈利、清偿能力，以考查项目在财务上的可行性；国民经济评价是在合理配置国家资源的前提下，从国家的整体角度分析计算项目需要国家付出的代价和对国家的净贡献，以考查项目的经济合理性。

2.3 政府投资建设项目设计阶段的工程造价控制

2.3.1 设计阶段工程造价计价与控制的意义

工程设计是指在工程开始施工之前，设计者根据已批准的设计任务书，为具体实现拟建项目的技术经济指标，拟订建筑、安装及设备制造等所需的规划图纸、数据等技术文件的工作。我国规定，一般建设项目设计按初步设计和施工图设计两个阶段进行；对于技术上复杂而又缺乏设计经验的项目，可按初步设计、技术设计和施工图设计三个阶段进行。设计阶段是决定建筑产品价值形成的关键阶段，“笔下一条线，投资千千万”正是这一特性的具体写照。设计阶段是决定工程项目投资的多少和是否合理的关键阶段，对设计阶段的投资进行控制，具有如下意义。

① 在设计阶段进行工程造价的计价分析可以使造价构成更合理，提高资金利用效率。设计阶段工程造价的计价形式是编制施工图预算。通过施工图预算，项目各方可以了解工程造价的构成，分析资金分配的合理性，并可以利用价值工程理论分析项目各个组成部分功能与成本的匹配程度，从而调整项目功能与成本，使其更趋于合理。

② 在设计阶段进行工程造价的计价分析可以提高投资控制效率。编制施工图预算并进行分析，可以了解工程各组成部分的投资比例。对于投资比例比较大的部分应作为投资的重点，这样可以提高投资控制的效率。

③ 在设计阶段控制工程造价会使控制工作更主动。通常将“控制”理解为目标值与实际值的比较，当实际值偏离目标值时，分析产生差异的原因，确定下一步对策。这虽然也是一种有效的管理方法，但损失往往很大，是一种被动的控制方法。而如果在设计阶段控制工程造价，可以先按一定的质量标准，开列新建工程的每一部分或分项的计划支出费用的报表，即造价计划，然后等详细设计完成以后，将工程的每一部分或分项的估算造价，对照计划中所列的指标进行审核，预先发现差异，主动地采取一些控制方法消除差异，使设计更经济。

④ 在设计阶段控制工程造价便于技术与经济相结合。目前工程设计往往是由建筑师和工程师等专业技术人员来完成的。在设计中往往只注意项目的使用功能，而对项目的经济性考虑较少。如果在设计中能让造价工程师参与全过程设计，使设计从一开始就建立在健全的经济基础之上，保证设计方案能较好地体现技术与经济的结合。

⑤ 在设计阶段控制工程造价效果非常显著。工程造价控制贯穿于项目建设的全过程，设计阶段对投资的影响控制约为75%～95%。很显然，控制工程造价的关键是在设计阶段。在设计一开始就应将控制投资的思想根植于设计人员的头脑中，以保证选择恰当的设计标准和合理的功能水平。

2.3.2 设计阶段投资控制方法评述

2.3.2.1 限额设计

限额设计是指按照批准的设计任务书及投资估算控制初步设计，再按照批准的初步设计总概算控制施工图设计，同时各专业在保证达到使用功能的前提下，按分配的投资限额控制设计，严格控制技术设计和施工图设计的不合理变更，保证总投资限额不被突破。

限额设计的过程，实际上是工程设计技术人员和技术经济分析人员密切合作的过程。设计技术人员在设计时要进行优化设计，而技术经济分析人员要及时进行设计造价的估算，两者达到密切配合，共同来实现工程建设投资控制的目的。在设计阶段要积极推行限额设计程序，就必须合理明确地设置限额设计的目标；并按设计程序，分阶段层层控制好总投资，形成纵向控制；同时在各设计阶段，按照各专业进行投资分解，分块限额形成横向控制。

(1) 限额设计的目标设置

在限额设计中，可行性研究报告是上级主管部门核准总投资额的重要依据，一经批准，即作为下一阶段（初步设计）进行限额设计控制投资的主要依据。而初步设计概算经有关部批准后，即作为下一阶段（施工图设计）进行限额设计控制投资的主要依据。限额设计将上阶段设计审定的投资额和工程量先分解到各专业，再分解到各单位工程和分部工程。限额设计的目标体现了设计标准、规模、原则的合理确定及有关预算基础资料的合理取定，通过层层分解，实现了对投资限额的控制与管理，也就同时实现了对设计规模、设计标准、工程量及概预算指标等方面的控制。

(2) 限额设计的纵向控制

限额设计贯穿于各个阶段，而每个阶段中必须贯穿各专业的每一道工序。在每个专业、每道工序中都要把限额设计作为重点工作内容，明确限额设计目标，实现工序管理。各专业限额的实现，是实现总限额的保证。

① 初步设计要重视方案选择，按审定的可行性研究阶段的投资估算进一步落实投资可能性。初步设计应该是多方案比较选择的结果，是项目投资估算的进一步具体化。如发现设计方案或某项费用严重超出批准的可行性研究报告中的投资限额，应及时反馈，并提出解决办法。在初步设计限额设计中，各专业人员应强化控制工程造价意识，同时引入竞争机制，增强危机感和紧迫感。

② 把施工图预算严格控制在批准的概算以内，要把重点放在工程量控制上。工程量一经审定，即作为施工图设计工程量的最高限额，不得突破。但由于初步设计毕竟受到外部条件的限制，如地质报告、材料供应、协作条件等变化的影响，因此可能引起已确认的概算价值的变化。这种变

化在一定范围内是允许的，但必须经过核算和调整，有时还必须重新编制或修改初步设计，并报原审批单位审批，投资控制额即以新批准的文件为准。

③ 加强设计变更管理。在初步设计阶段，由于外部条件的制约和人们主观意识的局限，往往会造成施工图设计阶段，甚至施工过程中的局部修改和变更。这是使设计、建设更趋完善的正常现象，但是由此却会引起已经确认的概算价值的变化。这种变化在一定范围内是允许的，但必须经过核算和调整。如果施工图设计的变化涉及建设规模、产品方案、工艺流程或设计方案的重大变更，使原初步设计失去指导施工图设计的意义时，必须重新编制或修改初步设计文件，并重新报原审查单位审批。对非发生不可的变更，应尽量提前实现，以使损失降到最低。对影响工程造价的重大设计变更，要用先算经济账，后变更的办法解决，使工程造价得到有效控制。

④ 树立“主动控制”与“动态管理”的理念。在限额设计中，为了克服被动控制的不足，可将系统论和控制论的成果应用于其中，将“控制”立足于预先分析投资目标偏离的可能性，并事先主动地拟订和采取各种预防性措施，尽可能减少并最终避免目标值与实际值的偏离，确保计划目标得以实现。实施限额设计的全过程控制是工程建设在设计阶段的投资额的动态反馈和目标管理过程。根据工程设计阶段进展的情况，及时比对投资限额，并做出相应的调整，从而实现对限额设计的动态控制。限额设计模式框图如图2-4所示。

（3）限额设计的横向控制

限额设计横向控制的主要工作，就是健全和加强设计单位内部的经济责任制，同时要实行限额设计的“节奖超罚”。

① 建立内部限额设计责任制。明确总设计师、工程经济师、概预算编制人员、专业负责人和设计人员在限额设计中的岗位职责，确立技术、经济、质量互为一体的观念。在工程设计过程中，做到每一笔都对“投资控制”负责；未经总设计师书面同意，不得对施工或业主单位承诺任何设计规模、标准、价格的变动；凡需增减设计子项的，不论其大小，只能在各专业投资范围内增减。

② 实行限额设计的“节奖超罚”。设计单位通过采用新设备、新工艺，或通过优化设计，节约了工程投资，应根据节约投资额的大小，给予设计单位相应的奖励。另外，因设计单位设计错误、漏项、扩大规模或任意提高标准而导致工程静态投资超支，要相应扣减设计单位的设计费。

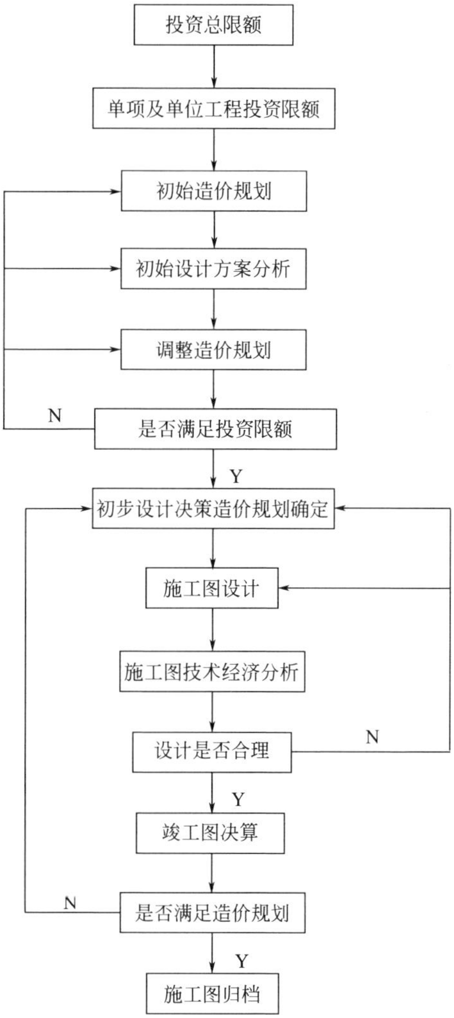

图 2-4 限额设计模式框图

2.3.2.2 价值工程在设计阶段投资控制中的运用

价值工程是通过各相关领域的协作，对所研究对象的功能与费用进行系统分析，不断创新，旨在提高所研究对象价值的思想方法和管理技术。价值工程的宗旨是提高研究对象的价值，即提高对象的功能与费用之比。在设计阶段，同一建设项目，同一单位工程可以有不同的设计方案。不同的设计方案就会产生功能和成本上的差别，这就可以用价值工程的方法优选设计方案。在设计阶段实施价值工程的步骤如下。

（1）功能分析

建筑功能是指建筑产品满足社会需要的各种性能的总和。不同的建筑产品有不同的使用功能，它们通过一系列建筑因素体现出来，反映建筑物的使用要求。建筑产品的功能一般分为社会性功能、适用性功能、技术性功能、物理性功能和美学功能五类。功能分析首先应明确项目各类功能具体有哪些，哪些是主要功能，并对功能进行定义和整理，绘制功能系统图。

（2）功能评价

功能评价主要是比较各项功能的重要程度，计算各项功能的功能评价系数，并以此作为该功能的重要权数。目前功能重要性权数一般是通过打分法来确定的。

其中，成本系数（C）的计算公式为：

成本系数＝某方案每平方米造价/所有评选方案每平方米造价之和

功能评价系数（F）的计算公式为：

功能评价系数＝某方案功能满足程度总分/所有参加评选方案功能满足程度总分之和

价值系数（V）的计算公式为：

$$V=F/C$$

按上式分别求出各方案的价值系数，价值系数最大的那个方案即为优选方案。

2.3.3 政府投资建设项目设计阶段工程造价控制的措施与方法

开展设计阶段投资控制，除了要充分运用技术经济方法外，还应形成有效的投资控制机制和完善的配套制度，实行综合治理。

（1）做好方案优化是控制工程造价的关键

优化设计方案，是设计阶段的重要步骤，是控制造价的一种有效方法。其目的是论证拟采用的方案技术上是否可行、功能上是否满足需要、经济上是否合理、使用上是否安全。

① 通过设计招标和设计方案竞选优化设计方案。设计招投标制度的推行为开发企业在规划设计阶段提高设计质量、进行投资控制提供了契机。开

发单位在委托设计时应大力引进竞争机制，加强管理工作。通过设计招投标来选择优秀的设计单位，从而保证设计的先进性、合理性、准确性，避免因设计质量问题出现的工程洽商。通过推行设计招标、引进竞争机制，迫使竞争者对建设项目的有关规模、工艺流程、功能方案、设备选型、投资控制等方面做全面周密的分析、比较，树立良好的经济意识，重视建设项目的投资效果，用最经济合理的设计方案参加竞赛。而建设单位通过应用价值工程等理论对设计方案进行竞选比较、技术经济分析，从中选出技术上先进、经济上合理，既能满足功能和工艺要求又能降低工程造价的技术方案。在确定中标方案后，开发企业仍有必要汇集开发、预算、工程管理和营销部门的专业人员，并同对中标方案提出优化意见，进一步提高设计的经济性和合理性。

② 推广标准化设计优化设计方案。工程标准化设计是根据共同的条件按照通用的原则编制的，是经过一定程序批准的，可在一定范围内通用的标准图、通用图和复用图，一般统称为标准图。

在工程设计中采用标准化设计能较好地贯彻执行国家的技术经济政策，合理利用能源、资源、材料和设备，并能够缩短设计周期、降低建设投资。据统计，采用标准化设计一般能使施工进度加快 1～2 倍，节约建设投资 10％～15％以上。

因此，采用标准化设计一般都能使工程造价低于非标准化设计的工程造价。推广标准化设计有利于较大幅度地降低工程造价。

（2）提倡实施设计监理

优化设计方案可以大幅度降低工程造价。在建筑设计过程中为了避免一些设计人员对建筑的经济性认识不够，盲目追求高标准或刻意加大结构的保险系数，造成造价偏高，因此，可以选择合适的造价咨询专家从初步设计阶段即对工程造价进行监控。造价咨询专家可以在方案设计阶段，利用同类建筑的技术经济指标，对拟建建筑按照不同的设计方案，根据现有的价格水平进行分析、比较，编制估算书。在扩大初步设计阶段，对不同的结构形式、不同的材料和不同的公用设备布置做出造价比较，及时为设计人员提供相应的经济指标；在施工图设计阶段做好施工图预算的编制工作，减少设计中的错漏现象，干预设计中出现的不必要的浪费，达到控制投资、优化设计的目的。

（3）加强设计变更管理

由于初步设计毕竟会受到外部条件的限制，如工程地质、设备材料的供应、物资采购、供应价格的变化，以及人们主观认识的局限性，往往会造成施工图设计阶段甚至施工过程中的局部变更，因此会引起已确认造价的改变。这种变化在一定范围内是允许的，但如果涉及建设规模、产品方案、工艺流程或设计方案的重大变更时，就应进行严格的控制和审核。设计变更应尽量提前，变更发生得越早，损失就越小。若在设计阶段变更，则只需修改图纸，其他费用尚未发生，损失有限；若在采购阶段变更，不仅需要修改图纸，而且设备、材料还需重新采购；若在施工阶段变更，除上述费用外，已施工的工程还需拆除，势必造成重大变更损失。所以要严格控制设计变更，尽可能把变更控制在设计阶段的初期，特别是对工程造价影响较大的设计变更，要先算账后变更。一般情况下，即使变更在技术上可能是合理的，也应全面考虑，将变更后所产生的效益与现场变更增加的费用和可能引起的索赔等所产生的损失，加以比较，权衡轻重后再做决定。要坚决杜绝内容不明，没有详图或具体使用部位，而只是增加材料用量的变更。

引起设计变更的原因有很多，如工程设计粗糙，工程实际与发包时提供的图纸不符，当前市场供应的材料规格标准不符合设计要求等。要减少设计变更，首先应严禁通过设计变更暗自扩大建设规模、提高设计标准、增加建设内容，一般情况下不允许设计变更，除非不变更会影响项目功能的正常发挥。其次，认真对待必须发生的设计变更，及时核算有关设计变更的造价，对于有问题或者费用偏高的项目可考虑重新进行多方案比较。要加强设计变更的管理并建立相应的制度，防止因不合理的设计变更造成工程投资的提高。在施工图设计过程中，要克服技术与经济脱节的现象，加强图纸的会审、审核、校对，尽可能把问题暴露在施工之前。对图纸技术上的合理性、施工上的可行性、工程造价上的经济性进行审核，以求提高设计质量，避免因设计考虑不周或失误所带来的经济损失。

(4) 逐步吸收施工企业参与设计

长期以来，在我国都是由设计单位出施工图，施工企业照图施工。由于我国设计单位的设计人员多是专职于从事设计工作，缺少施工方面的经验和知识，对新材料、新工艺的了解不多，难免出现“纸上谈兵”的现象，因此往往造成设计特别是施工图设计与实际脱节，既造成浪费，又影响工期和施工质量，降低了投资效益。改变这种现象的有效办法就是让施工企业参与设计。施工单位参与到设计中来，可以将施工单位在长期施工中所积累的经验融合到设计工作中，提高设计水平，降低工程成本。

(5) 建立有效的激励机制

我国现行的设计取费标准是按投资额的百分比计算的，这使得工程造价越高，设计收费就越多。这样的取费办法难以调动设计人员主动地考虑降低造价、节约投资，极不利于工程投资的控制。因此，应在现有的收费办法中加入投资节约的奖励和投资超支的罚款部分，具体计算方法如下。

设计费＝概算数额×基本费率＋(概算数额－预算数额)×奖罚费率

采用该方法计算设计费，体现了优质优价的原则。如果因设计而降低投资数额，设计单位和设计人员即受到一定的奖励；相反，如果设计引起投资超支或浪费，设计单位和设计人员则要承担相应的经济责任。这有利于调动设计人员的积极性和创造性，有利于工程投资控制，有利于推动设计手段进步和提高行业劳动生产率。

(6) 建立数据库实行网络化管理

随着设计行业计算机联网的普及，可以通过互联网跨地区、跨省进行技术交流、互通信息，全面了解建筑市场。行业主管部门可以通过以下途径为设计单位和从业人员提供工程信息、法规政策、材料设备价格等信息数据库。

① 建立工程造价资料积累制度。由政府牵头、拨部分款项和给予一定政策，分地区、分部门委托社会咨询机构建立工程造价资料积累制度。

② 设立情报站，提供商品价，确保可比性。设立工程技术经济信息报道机构，收集已竣工工程的主要设备、材料的价格，同时提供现时市场材料、设备价格情报服务，并定期每月或每季度汇编成册，为工程市场主体的工程造价控制提供依据，确保造价的可比性。

③ 建立信息网，限定造价区，确保合理性。设立工程造价信息网络，及时披露行情，发布工程造价信息，制定价格的上、下限；约束指导价格，划定价格区间，不突破控制工程造价的总水平，确保造价的合理性。

2.4 政府投资建设项目招投标阶段的工程投资控制

实行工程招标投标制是我国建筑市场走向规范化、完善化的重要举措之一。推行工程招标投标制度对缩短建设工期、确保工程质量、降低工程投资、确保工程施工安全等方面具有明显的促进作用，而且能有效地保障招标人和投标人的合法权益。建设工程招标一般可分为三个阶段，即招标准备阶段、招标阶段和决标成交阶段，其一般程序如图 2-5 所示。

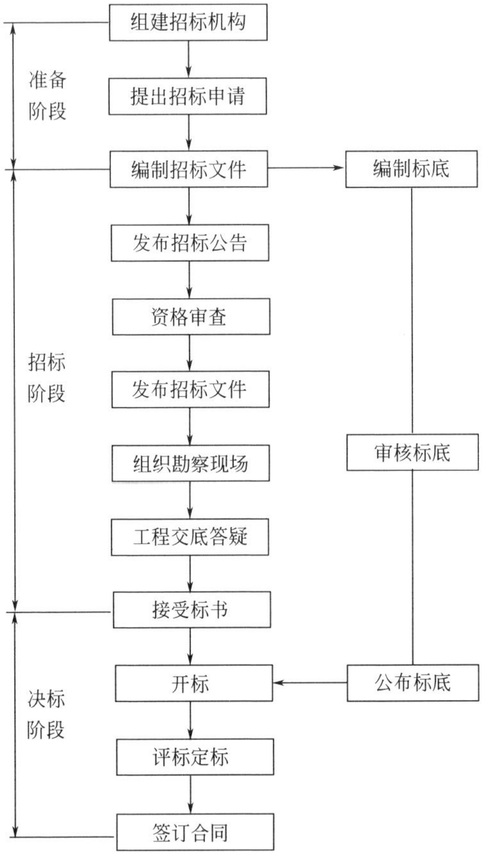

图 2-5 建设工程招标程序

2.4.1 实行工程招投标对降低工程造价的意义

① 推行招投标制基本形成了市场定价的价格机制，使工程价格更趋于合理。推行招投标制最显著的作用是使投标人之间产生激烈竞争。这种市场竞争最直接、最集中的表现为价格竞争。通过竞争确定工程价格，使其趋于合理或下降，有利于节约投资、提高投资效益。

② 推行招投标制能够不断降低社会平均劳动消耗水平，使工程价格得到有效控制。在建筑市场中，不同投标者的个别劳动消耗水平是有差异的，通过招投标使个别劳动消耗水平最低或接近最低的投标者获胜，这样便实现

了生产力资源较优配置，也实现了投标者之间的优胜劣汰。这样将逐步进而全面地降低社会平均劳动消耗水平，使工程造价更趋于合理。

③ 推行招投标制便于供求双方更好地相互选择，使工程造价更符合价值基础。建设单位、业主能够选择报价较低、工期较短、具有良好业绩和管理水平的勘察设计单位和施工单位作为承包人，为合理控制工程造价奠定基础。

④ 推行招投标制能够减少工程项目交易费用，节省人力、物力、财力，降低工程造价。

2.4.2 招标阶段进行投资控制的层次分析法

通过对工程评标的投标报价、工程质量、建设工期、社会信誉等影响因素的分析，不难看出，工程招标评标属于多目标决策问题，且评标决策者为一个群体，即由评委构成的评标组，根据解决多目标决策问题的理论和方法，建立了基于群决策层次分析法的评标方法。

2.4.2.1 层次分析法评标的主要步骤

(1) 建立第一阶层次结构模型

包括的层次有：目标层 A 为评标决策；准则层 B 为评标指标，如报价、质量、工期、社会信誉等；子准则层 C 为决定准则层指标值的影响指标，实质上是投标方属性和其标书承诺对准则层指标的影响因素指标；方案层 D 是由投标方自身属性和其标书承诺构成的备选方案。

(2) 构造判断矩阵

以 C 层为例，针对上一层某元素 $C^{(h)}$，将本层次有关因素之间进行两两比较，构造出如下判断矩阵。

$$C^{(h)}=(c_{ij})=\begin{bmatrix} c_{11} & c_{12} & \cdots & c_{1,15} \\ c_{21} & c_{22} & \cdots & c_{2,15} \\ \vdots & \vdots & \vdots & \vdots \\ c_{15,1} & c_{15,2} & \cdots & c_{15,15} \end{bmatrix} \tag{2-6}$$

式中，c_{ij} 表示对 $C^{(h)}$ 而言，C_i 对 C_j 相对重要性的数值表现，可取 1，2，…，9 以及它们的倒数，其含义 1 表示同等重要；3 表示稍微重要；5 表示明显重要；7 表示很重要；9 表示极端重要；2，4，6，8 为前述两相邻判断的中间值；判断矩阵中各元素有 $c_{ij}>0$，$c_{ii}=1$，$c_{ij}=1/c_{ji}$；$i, j=1, 2, \cdots, 15, h=1, 2, 3, 4$。

（3）层次单排序

根据判断矩阵计算对于上一层某元素而言，本层次有关元素相对重要性次序的权值，得到特征向量如下。

对于准则层 B，有：

$$W_B=(W_{B_1}, W_{B_2}, W_{B_3}, W_{B_4}) \tag{2-7}$$

对于子准则层 C，有：

$$W_C^{(h)}=(W_{C_1}, W_{C_2}, \cdots, W_{C_s}),\quad s=1,2,\cdots,q \tag{2-8}$$

（4）层次总排序

利用层次单排序的结果，计算本层次所有元素对上一层次相对重要性的数值。层次总排序从上而下逐层进行，最后得出各种方案相对于总目标的总权重。

（5）一致性检验

由于人们对各因素两两比较时，不可能做到判断完全一致性，导致特征值和特征向量也有偏差。因此，一致性检验可由检查判断矩阵特征根的变化来进行。引入判断矩阵的一致性指标如下，引入的修正值 R_I 的取值如表 2-1 所示。

$$C_R=\frac{\lambda_{\max}-n}{(n-1)R_I} \tag{2-9}$$

式中 $\lambda_{\max}$——构造的矩阵最大特征根；

n——矩阵的阶数；

R_I——引入的修正值。

表 2-1 引入的修正值

阶数	1	2	3	4	5	6	7	8	9	10
R_I	0.00	0.00	0.58	0.96	1.12	1.24	1.32	1.41	1.45	1.49

若 $C_R\leqslant 0.1$，则判断矩阵有满意的一致性，否则需重新两两比较，确定判断。层次单排序和层次总排序均要进行一致性检验。

2.4.2.2 进一步解决的问题

单纯运用层次分析法评标，还存在两个问题：一是不能完全体现业主意志，其权重的确定与业主的偏好相脱离；二是判断一致性不满足的现象导致了计算量增加，特别是对方案层指标的比较判断，当方案数较多时，评标者构造判断矩阵更加困难，同时对判断一致性的过多顾虑会影响评标者对指标的公正评价。为此，需要进一步解决以下两个问题。

① 评标要满足业主的意愿。运用层次分析法分析时，评价准则层指标应充分反映业主偏好。可用两种方法：第一种方法是由专业咨询公司针对工程情况及业主意愿确定准则层指标的评价权重；第二种方法是由业主指定一名或几名代表运用两两比较取值的方法构造判断矩阵，然后计算确定准则层指标的权重。改进后，子准则层和方案层指标的评价，则完全可以由专家组成的评标组进行。

② 运用模糊综合评价法对方案进行量化处理，以解决由于方案数较多及判断一致性不满足而导致计算工作量加大的问题。

2.4.2.3 业主确定准则层权重

① 由业主代表分别建立各自的判断矩阵，并对其进行一致性检验。

$$B^{(k)}=(b_{ij}^{k})=\begin{bmatrix} b_{11}^{(k)} & b_{12}^{(k)} & b_{13}^{(k)} & b_{14}^{(k)} \\ \vdots & \vdots & \vdots & \vdots \\ b_{41}^{(k)} & b_{42}^{(k)} & b_{43}^{(k)} & b_{44}^{(k)} \end{bmatrix} \tag{2-10}$$

式中，$b_{ii}^{(k)}=1$；$b_{ij}^{(k)}=1/b_{ji}^{(k)}$；$i=1,2,3,4;j=1,2,3,4$；$k=1,2,\cdots,n$，为业主代表人数。

② 进行群决策协调，建立群决策协调判断矩阵 B

$$B=\begin{bmatrix} b_{11} & \cdots & b_{14} \\ \vdots & \vdots & \vdots \\ b_{41} & \cdots & b_{44} \end{bmatrix} \qquad b_{ij}=\left[\prod_{k=1}^{n} b_{ij}^{(k)}\right]^{\frac{1}{n}} \tag{2-11}$$

显然，矩阵 B 仍满足判断矩阵特征，即 $b_{ii}=1$，$b_{ij}=1/b_{ji}$，从而可以确定矩阵 B 最大特征根对应的标准特征向量。

$$W_B=(W_{B_1},W_{B_2},W_{B_3},W_{B_4}) \tag{2-12}$$

式中，W_B 为群决策下准则层指标的权重。

2.4.2.4 专家对子准则层指标进行评价

① 由各专家建立各自的判断矩阵 $C_k^{(l)}$，$k=1,2,3,4$；$l=1,2,\cdots$；m 为

专家人数。

② 同理，建立群决策协调可得 4 个判断矩阵：$C^{(1)},C^{(2)},C^{(3)},C^{(4)}$。计算其标准化特征向量，可得如下权重。

$W_C^{(1)}=[W_{C_1}^{(1)},W_{C_2}^{(1)},W_{C_3}^{(1)},W_{C_4}^{(1)}]$

$W_C^{(2)}=[W_{C_5}^{(2)},W_{C_6}^{(2)},W_{C_7}^{(2)},W_{C_8}^{(2)}]$

$W_C^{(3)}=[W_{C_9}^{(3)},W_{C_{10}}^{(3)},W_{C_{11}}^{(3)},W_{C_{12}}^{(3)}]$

$W_C=(W_{C_1},W_{C_2},\cdots,W_{C_{15}})$

③ 确定子准则层各指标的相对权重。

$$W_C^{(3)}=[W_{C_9}^{(3)},W_{C_{10}}^{(3)},W_{C_{11}}^{(3)},W_{C_{12}}^{(3)}] \tag{2-13}$$

2.4.2.5 专家组用模糊综合评价法进行评价

由专家组运用模糊综合评价法对方案进行评价，并将评价结果分为五个等级，即 $V=$（很好，好，一般，差，很差），并赋予分值为 $V=(10,5,0,-5,-10)$。对某个投标方 t 而言，其各项评标指标对各评价等级的隶属函数值是一模糊关系矩阵，记为$\underset{\sim}{R}_t$。考虑各指标权重分配后，可得各专家对各投标方的模糊综合评价 $\underset{\sim}{D}_t^{(k)}$，$t=1,2,\cdots,p$，表示投标方个数，$l=1,2,\cdots,m$，表示专家人数。

$$\underset{\sim}{D}_t^{(l)}=W_C\times\underset{\sim}{R}_t^{(l)}=[d_{11}^{(l)},d_{12}^{(l)}\cdots,d_{15}^{(l)}] \tag{2-14}$$

对各 $\underset{\sim}{D}_t^{(k)}$ 进行群策协调，可得各投标方的综合评价 $\underset{\sim}{D}_t$，$\underset{\sim}{D}_t$ 为各投标方对于各等级的综合隶属度。

$$\underset{\sim}{D}_t=(d_{11},d_{12},\cdots,d_{15}),d_{ii}=\sum_{i=1}^{m}\frac{d_i}{m} \tag{2-15}$$

由此，可得到各投标方的综合评价值：$\gamma_t=\underset{\sim}{D}_t\times V^T$。然后按 γ_t 的大小，得出对各投标方的综合评价顺序。

2.4.3 招投标阶段的造价控制措施

（1）规范招投标活动，推行工程量清单计价方法

政府投资建设项目应该严格按照《中华人民共和国招标投标法》中的规定，能公开招标的项目应采取公开招标的方法来选择施工单位。在招投标的过程中应该严格执行相应的招投标责任制，明确招投标工作的相关责任人，对招投标责任人要明确其相关的工作职责范围。招投标阶段对工程投资控制

的重点应放在规范招投标活动和招标方式的确定上，招标评标应实行合理低价中标。随着工程造价体制和管理模式改革，工程量清单计价规范在全国得到了较好的推广和实施。推行工程量清单计价方法是工程造价深化改革的一项重要措施，是规范招投标行为的有效保障。这种方法有利于改变过去以“量”“价”“费”定额为主导的静态管理模式，使清单中的工程量不进入竞争，仅限于价格的竞争，有利于正确评价企业实力，有利于保证工程质量、降低工程造价，可减少重复计算工程量的繁杂劳动，简化招投标报价工作，减少工程结算中的推诿与纠纷，逐步与国际上“控制量、指导价、竞争费”的惯例接轨，深化工程计价主要依据市场变化动态管理的改革，为我国承包商走向国际市场创造条件。

（2）抓好工程施工项目的招标管理

① 招标准备阶段。招标准备阶段投资控制应做的工作主要有组织对标书的编制、招标图纸的审核、合同条款的拟订。对招标图纸的审核是十分重要的，也就是说在招标图纸发放之前，甲方就应组织各专业工程师对图纸进行一次严格审核，提出图纸中存在的问题，与设计单位进行一次两方的图纸会审，把问题解决，力争招标图纸完整、准确。在工程建设项目中，工程变更和现场签证是不可避免的，但要进行有效的控制。为防止在施工图设计中产生漏洞，除在审核时把关，还应在建设单位、施工单位、监理单位、设计单位四方图纸会审中提出并解决问题。

合同制定得是否严谨对工程投资的控制也是十分关键的因素，因为合同所涉及的不仅仅是经济方面的内容，同时也涉及施工技术、施工工艺、工程质量等多方面的技术问题。所以应组织所有与合同管理有关的人员对合同初稿进行审核，包括造价管理人员、现场各专业管理工程师。各专业管理人员应从各自专业管理的角度对一些合同条款提出建议，汇总后上报高层管理人员决策，这样便于所有参与项目合同管理的人员了解合同内容，增强合同管理意识，可以有效控制索赔事件的发生。

② 招标阶段。在招标阶段，重点应放在对资格审查的检查上。采用现场观察和文字资料审查的方式，检查其是否对法人地位进行审查，是否对财务能力进行审查，是否对商业信誉进行审查，是否开展用户走访，是否按照招标文件中的评标标准开展评价。

③ 投标报价及评标阶段。在评标阶段，甲方应对施工单位的投标报价进行认真、仔细的审查。特别是对商务标书的审查不能只看报价的高低，更重要的是看报价范围是否有漏项、项目是否齐全、工程量计算是否差异过

大、计算是否合理、材料单价是否合理，要做到这些就需要做大量的准备工作。要做到自己心中有个底数，特别是主要的工程量、子项的列项、材料单价信息、总造价的额度等。

2.5 政府投资建设项目施工阶段投资控制

工程建设各个阶段的造价控制各有其特点，在工程建设的全过程中，所起的作用和重要程度也有所不同。从投资决策阶段到招投标阶段，工程设计已经完成，工程量已完全具体化，但此时的工程投资主要是一个量化的投资。据统计，建设项目的投资主要发生在施工阶段，在这一阶段，浪费投资的可能性很大。

2.5.1 施工阶段对工程造价的影响

(1) 资金使用计划的编制对工程投资的影响

资金使用计划的编制和控制在整个建设管理中处于重要而独特的地位，它对工程造价的重要影响表现在以下几个方面。

① 通过编制资金使用计划，合理地确定投资控制目标值，包括投资的总目标值、分目标值、各详细目标值，为工程投资控制提供依据，并为资金的筹集与协调打下基础。

② 通过资金使用计划的科学编制，可以对未来工程项目的资金使用和进度控制进行预测，消除不必要的资金浪费和进度失控，也能够避免在以后工程项目中由于缺乏依据而进行轻率判断所造成的损失，减少盲目性，让现有资金充分发挥作用。

③ 在建设项目的实施过程中，通过资金使用计划的严格执行，可以有效地控制工程造价上升，最大限度地节约投资，提高投资效益。

④ 对脱离实际的工程投资目标值和资金使用计划，应在科学评估的前提下，允许修订和修改，使工程投资更加趋于合理，从而保障建设单位和承包人各自的合法利益。

(2) 施工组织设计对工程投资的影响

施工组织设计是为了满足设计意图的实现而采取的技术措施，技术措施又以经济为保障。因此，施工组织设计和工程造价的关系密不可分，施工组织设计决定着工程造价的水平，而工程造价又对施工组织设计起着完善、促进的作用。要建成一项工程项目，可能会有多种施工方案，但每种方案所花费的人力、物力、财力是不同的，即材料价格的确定，施工机械的选用，人工工日、机械台班与材料消耗量，施工组织平面布置，施工年度投资计划等各不相同。要选择一种既切实可行又节约投资的施工方案，就要用工程造价来考核其经济合理性，决定取舍。

在施工阶段，施工组织设计决定着工程预算的编制，并决定着工程决算的编制和确定，而工程预算又是反映和衡量施工组织设计是否切实可行、经济合理的依据。因此，施工组织设计的优化是控制工程投资的有效渠道。

2.5.2 政府投资建设项目施工阶段工程造价控制的措施与方法

2.5.2.1 正确处理造价、质量、工期的关系

在建设项目的实施阶段，控制工程造价的重要一环就是科学地组织建设，正确处理工程造价与工期及质量的辩证统一关系，提高工程建设的综合经济效益。一般来说建设项目实施阶段的理想目标是同时达到最短工期、最低造价和最高质量，但在实际建设过程中，这种理想目标往往是不可能达到的。组成建设项目目标系统的三大目标既互相矛盾，又相互统一，其中任何一个目标的变化，都会引起另外两个目标的变化，并受到它们的影响和制约。造价、质量、工期三者的关系应以造价控制为核心，造价不单指项目建设过程中的成本，还包含项目寿命期内的营运成本，应在满足规定质量、一定工期的前提下，要求造价最低，它们之间可以用下面的函数来表示。

$$C=f(T,Q) \tag{2-16}$$

式中 C——造价；

T——工期；

Q——质量。

（1）处理造价与工期的关系

项目建设工期是指从工程动工开始，到全部竣工投产并移交给建设单位为止所需的全部时间，建设工期的长短直接影响建设项目的造价。建设项目需要的总费用可分为两大类。一类是直接性费用，是指在施工或生产过程中直接消耗在工程项目建设中的活劳动和物化劳动，包括直接生产工人的工资、设备（机械）、材料消耗等与工程有关的费用。为缩短项目的建设周期而需要采取一定的技术组织措施时，则相应地会增加一部直接费用。在一定条件下和一定范围内，项目建设工期越短，则直接性费用就越多。另一类是间接性费用，是指并不直接体现在有形的工程项目中但又必须发生的费用，

包括管理费、建设期贷款利息、工程保险费等。在一定的项目建设规模内，项目的建设周期越短，则间接性费用越少。在进行造价工期优化时，需要计算在采取各种技术措施时工程项目不同的工期所对应的不同的造价，使工程造价和工期达到最优组合，以此来编制网络计划指导施工。

（2）正确处理工程造价与工程质量的关系

应将全寿命周期成本最小的思想贯穿于工程建设的始终。建设工程寿命周期费用包括项目建设投资（工程造价）和工程交付使用后的使用费用（包括经营费用、日常维护修理费用、大修理费用、局部更新费用、项目使用期满后的报废拆除费用等）。工程造价仅发生在建设过程中比较短的时间内，是一次性费用；而使用费用则发生在整个使用过程中，历时几年乃至几十年，是一种经常性费用。

在正常情况下，工程项目的全寿命周期费用与其质量（功能）之间有如下关系：工程项目造价高，则其质量（功能）较好，使用费用降低；反之，工程项目造价低，则其质量难以保证，使用费用必然上升。投资建设工程项目不能一味强调降低造价，而忽视使用费用，否则势必降低项目的使用功能，缩短使用年限，或增加使用费用，这对业主来说损失更大。

2.5.2.2 实行工程造价的动态控制

建设工程的施工周期一般比较长，因此，实际消耗的材料、人工价格会与投标时差异较大，这就要求造价控制人员及时收集、积累有关造价调整的资料，准确预测各种动态因素（如价格、利率、汇率等），使造价动态管理贯穿于建设项目全过程。投资控制动态程序如图 2-6 所示。

2.5.2.3 加强合同管理，控制工程造价

（1）贯彻合同法，严谨地签订建设工程施工合同

建设工程施工合同是为完成某工程项目，明确甲、乙双方权利和义务的协议，是严格受到国家法律保护的。所以，我们必须增强对合同的法律意识，把握合同条款的内涵，精心推敲合同文字的措辞，增强合同条款的严密性。在承包合同中，要明确合同的内容和范围以及合同文本界限，做到资料齐全、文字严密，避免含糊其词，这样才能保证合同的顺利履行。完善、有效的合同可以有效地减少、避免施工索赔，减少工程费用的发生。

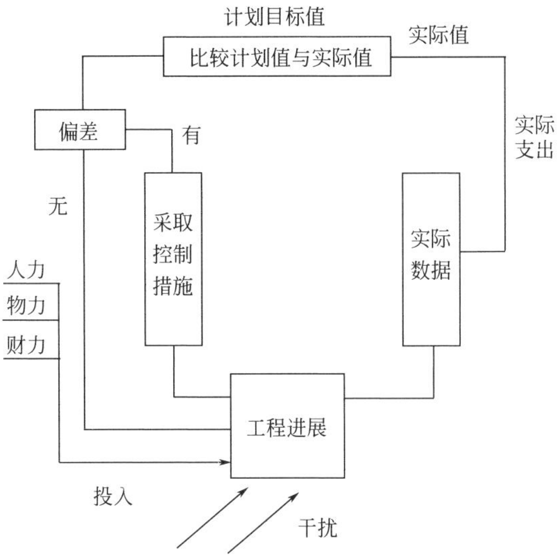

图 2-6 投资控制动态程序图

（2）严格合同管理，控制合同变更

工程造价是建设工程合同的重要内容之一，加强合同管理是提高工程造价管理水平的重要方法和手段。要加强合同的备案审查，审查其内容是否符合有关的法律、法规和规章，与招标投标过程中的要约和承诺是否一致。在合同实施过程中应建立、健全合同履约跟踪检查制度，加强监督，提高合同履约率，发现问题及时纠正，巩固招标投标的结果，从而更有效地控制工程投资。

2.5.2.4 加强施工现场管理

（1）优化施工组织设计，选择技术先进、经济合理的施工方案

建设项目施工方案是否先进、合理不仅直接关系到施工质量，也常会影响工程造价。在工程实施过程中，除了应组织专家对招标文件的施工组织设计进行审查外，还应对施工过程中的施工方案进行审查，在保证质量的前提下对各种施工方案进行技术上、经济上的对比分析，从中选出最合理的方案，以达到资源的最佳配置和组织，从而降低工程造价。

（2）尽可能减少工程变更

在工程项目的实施过程中，经常遇到建设单位要求修改设计方案，或由

于现场施工条件限制、施工技术要求而产生设计变更等情况。工程项目变更包括设计变更、进度计划变更、施工条件变更等。这些变更的发生，一方面是由于主观原因，如勘察设计工作粗糙，以致在施工过程中发现许多招标文件中没有考虑或估算不准确的工程量，因而不得不变更施工项目或增减工程量；另一方面是由于客观原因，如发生不可预见的项目或费用，以及由不可抗力原因引起的停工和工期拖延等。由于这些原因，经常导致工程量变化、施工进度变化及工程价格变化而引起的变更，因此，为减少因不必要的变更而引起工程投资的增加，施工前，要组织施工人员到现场踏勘，并对图纸进行会审、技术交底，避免施工中出现不应有的返工。特别是对涉及费用较高的设计，必须经设计单位、建设单位现场代表、监理单位、施工单位等几方现场核实，并进行技术及经济论证，尽量减少合同外费用。实行工程量清单计价后，对于暂定工程项目或工程材料，及工程变更引起的工程价款确定或变更是不可避免的，不论这些价款是增加还是减少，都要及时地加以控制，这样才有利于合理地控制工程投资及日后的工程结算。

（3）加强现场工程量签证的监督和管理

据统计，由于工程量签证问题所引起的工程结算价的上升幅度可达15％～25％，个别甚至更高。如不慎重对待工程量签证，工程投资控制极易出现漏洞，造成资金的大量浪费。因此在签证时应做到以下几点。

① 严格四方签证制度。现场签证必须经施工单位、监理单位、设计单位、业主代表四方共同签字后方能有效。有条件的业主可以指派工程造价管理人员常驻施工现场，随时掌握、控制工程投资的变化情况，进行跟踪费用控制。

② 签证必须达到量化要求，工程签证上的每一个字、每一个字母及数量单位都必须清晰。

③ 签证内容必须与实际相符。要加强现场工程管理人员的经济观点、业务素质及思想素质教育；要求他们不仅要懂得设计、施工技术，还要具备工程经济方面的知识；培养他们实事求是的作风，在抓好质量、工期、安全监督的同时，充分重视节约工程投资的重要性。

④ 签证的范围应正确。现场工程管理人员必须认真阅读招标文件和投标文件，明确招投标范围，切勿盲目签证。

为了确保工程签证的客观、准确，首先应强调办理工程签证的及时性；其次，对签证的描述要求客观、准确，要求隐蔽签证以图纸为依据，标明被隐蔽部位、项目，以及工艺、质量的完成情况，如果被隐蔽部位的工程量在图纸上不确定，还要标明几何尺寸，并附上简图。施工图以外的现场签证，必须写明时间、地点、事由、几何尺寸和原始数据，不能笼统地签注工程量和工程造价。签证发生后应根据合同规定及时处理，审核应严格执行国家定额及有关规定，经办人员不得随意改变。此外还要加强预见性，尽量减少签证发生。

2.5.2.5　控制材料用量，合理确定材料价格

在工程投资控制中，材料价格的控制是主要的，材料费在工程中往往占有很大的比重。因此，必须在施工阶段严格按照合同中的材料用量进行控制，合理确定材料价格，从而有效地控制工程投资。为此，在满足材料合格的前提下，应努力争取最低价，掌握建材市场价格的变化规律，制定材料价格的管理措施，建立一个能及时反馈、灵活可靠、四通八达的信息网络。对资金占用额大、采购较困难的大宗材料给予重点管理，使材料总费用降到最低水平。提前做好材料供应计划，掌握市场行情，争取在材料价格波动的低谷时购进材料。

2.5.2.6　公正、合理、及时处理索赔费用

在工程实施过程中，由于施工现场条件、气候条件的变化，施工进度的变化，以及合同条款、规范标准文件和施工图纸的变更、差异、延误等因素的影响，使得工程承包中不可避免地出现索赔，进而导致工程投资发生变化。就目前工程建设的实际情况而言，业主未能按约定提供相应的施工条件，工程进度款支付滞后，甲方随意指定的分包商往往延误工期或施工质量较差等，是承包商提出索赔的主要原因。从实际来看，承包商提出索赔的原因多种多样，但最终都归结到费用的增加和工期的延长，而工期的延长往往伴随着工程费用的增加。因此，在项目实施过程中加强工程的总体管理，规范业主的自身行为，对于控制工程投资起到非常重要的作用。

2.5.2.7　建立完善的工程进度款管理制度

工程进度款是指建设单位按合同约定的工程进度向承包商逐笔支付的款项。工程进度款的支付过程是整个工程支付中最为频繁、往来款项发生最多的过程，因此，认真对待每一期的进度款支付，不仅是日常控制的需要，也为日后工程的竣工决算打下良好的基础。建设单位应当建立严格的工程进度款支付控制程序，由工程、会计及监理等部门共同保障实施，层层把关。

2.6 政府投资建设项目竣工结算阶段的投资控制

2.6.1 竣工结算阶段投资控制中存在的问题

在现阶段，尽管对施工实际造价的控制已较为完善，但是承包商在竣工结算时为了利润的最大化，工程结算书的编制普遍存在冒算多算、高套定额单价、高套取费标准等提高工程造价的现象。据调查资料显示，承包商的高估冒算率一般在10%～20%，而对施工单位的结算审查核减率一般在15%～25%。因此，客观、公正地按照有关规定编制竣工结算，计算确定整个项目从筹建到全部竣工的实际费用是投资控制的关键。

2.6.2 竣工结算阶段的投资控制措施

① 核对工程内容是否符合合同条款要求，工程是否经验收合格。只有按合同要求完成工程并验收合格才能进行工程结算。

② 按规定的结算方法、计价定额、取费标准、主材价格和优惠条款等对工程结算进行审核。较先进的结算方法是在结算中按照国际惯例，采用调值公式，即在合同条款中写明双方商定的调整因素，同时明确哪几种物价可以波动，且波动到什么程度才同意调整。一般控制在合同价的±5%左右，在该范围内变动时，由承包方自己承担；在5%～20%之间时，由承包方承担10%，发包方承担90%；超过20%以上时，应另签合同条款。这样可以充分发挥承包方的积极性，使之最大限度地在施工中节约材料，降低成本，控制工程投资。

竣工结算的审核是控制投资的最后一个环节。在这一阶段，要求造价预算人员必须认真、仔细，决不能放松，同时还要与工程建设的各有关部门紧密配合。工程竣工结算审核属于工程造价的事后控制，全凭工程竣工结算的资料来办理。工程竣工资料是保障审核结果准确性的最直接和最重要的依据，它的真实性、合法性、合理性、完善性，决定了工程竣工结算的审核结果，因此对工程竣工结算资料的审核是非常重要的。

③ 检查隐蔽工程验收记录，所有隐蔽工程均需进行验收、签证。

④ 按图核实工程量，并按统一的计算规则计算工程量。

⑤ 落实设计变更签证，设计变更应由原设计单位出具设计变更通知单和修改的设计图纸，由校审人员签字并加盖公章，经建设单位和监理工程师

同意、签证。重大设计变更应经原审批部门审批，否则不应列入结算。

⑥ 结算单位应按照合同约定或招标规定的计价原则进行结算。

2.7　全过程工程造价管理的局限性

全过程工程造价管理模式比较适合于高度计划经济体制，在我国初步建立社会主义市场经济体制的情况下，这种模式表现出了明显的自身局限性，主要体现在以下几个方面。

（1）决策依据不合理

全过程工程造价管理强调建设项目的建设造价，而对工程造价管理的重要环节——设施在移交后的运营和维护成本，未予考虑，或即使考虑，也考虑得很粗略。从长远的观点来看，设施未来的运行和维护成本要远大于它的建设造价，而且先期建设造价的高低对未来的运营和维护成本的高低会产生很大的影响：高的建设造价可能带来未来运营维护成本的大幅度降低，从而带来建筑物在整个生命周期内成本的降低。全过程工程造价管理的决策依据是建设成本的最小化，而建设成本最低的方案放在建设项目全生命周期的角度来看并不一定是最优的，因此决策依据不合理。决策阶段对建设项目的生命周期成本比对建设成本的影响更大，工程造价管理的重点是项目的决策和设计，而不只是用来计算工程项目从立项到竣工的建设造价。

（2）缺乏对运营阶段成本范畴和成本函数的研究

我国的全过程工程造价管理要求在进行可行性研究的时候也要对未来做出考虑，只是这种考虑太过于粗糙，只给出一个非常粗略的估计值，未能给出运营和维护成本的范畴，以及这些成本的计算方法。只有给出非常精细的成本范畴分解和每种成本的计算方法，才能精确地计算未来的运营和维护成本。综合考虑建设项目的建设造价和未来的运营维护成本，可以使建设阶段和未来运营维护阶段更好地衔接，使对成本的量化计算更具科学性和合理性。缺乏对未来的运营和维护成本的范畴以及成本函数的研究，也许是投资估算不考虑未来成本的原因之一。

（3）造价的管理模式和方法与国际不接轨

我国目前实行的工程造价确定方法基本上还是以定额为基础的静态的方法，工程造价控制仍是以工程的实施阶段为重点。比如，工程监理制是国际上通行的控制工程质量、工期和投资的行之有效的模式。我国虽然也实行了监理制，但目前监理工程师只负责施工阶段的工程监理，在国际上通行的做法是特别注重监理工程师在决策、设计阶段的监理，而正是这个最重要的阶段管理，在我国恰恰没有开展起来。其结果是造成工程项目决策不科学、工程设计不合理、管理粗放，导致投资规模失控、工程施工质量不稳定，造成投资的巨大浪费，也是建设工程存在诸多问题的原因所在。

(4) 没有考虑工程造价统一计算的问题

现阶段我国工程造价管理还有一个很大的弊端是条块分割。很多行业（例如公路、水利、电力、石油、矿山等）都有自己的定额，因此，同样是挖一方土，采取不同的定额会造成量、价都不相同。另一个弊端是建设管理与运营维护管理被割裂开来。这种割裂的后果是导致建设项目的建设目标与全生命周期目标相互冲突，给运营和维护管理带来了很多不利的因素。第三个弊端是计算方式不统一。各个行业都有自己的估算、概算、预算等的编制办法，给工程造价的确定与控制带来了不必要的麻烦。因此，对工程造价要进行统一管理，一方面是把各个行业、各个阶段的建设成本统一地进行管理；另一方面是要找到一种科学的投资确定方法，实现统一全生命周期成本（建设造价加未来运营维护成本）的计算。

实践上的突破往往以理论上的突破为先导。为了解决上述存在的弊端，对如此庞大的建设资金进行有效的管理，提高投资效益，使有限的资金得到充分的利用，就必须对我国工程造价的管理模式与方法加以变革。

第3章

全面造价管理在政府投资建设项目中的应用

我国现阶段的政府投资建设项目全过程造价管理的理论和方法研究与世界发达国家相比，还存在很大差距。这些差距主要表现在工程项目造价管理体制方面和对于现代工程项目造价管理理论与方法的研究推广和应用方面。随着我国改革开放的不断深入，社会主义市场经济的不断完善，不但有大量的外商投资工程项目在我国开工，而且为推动我国经济的发展，大量国家投资的工程项目也相继投入了建设，因此，急需采用先进的工程项目造价管理控制的方法去管理控制好项目的工程造价，以便全面提高我国投资和工程项目的经济效益。

从20世纪90年代中期以来，国际工程造价管理学界提出了一个全新的课题，即工程项目全面造价管理理论（以下简称全面造价管理）。全面造价管理的根本目的在于通过有效地使用专业知识和专门技术去计划和控制资源、造价、盈利和风险。它的体系是一种管理各种企业、工作、设施、项目产品或服务的全生命周期造价的系统方法。它是通过在整个管理过程中以造价确定和造价控制的原理，以获验证的方法和最新技术来做判断而得以实现的。全面造价管理就是在造价未发生前就管理好造价；是供管理者对全部投入的各种资源的全生命周期造价管理的实践与程序；是在战略资产的全生命周期造价管理中采用全面的方法对投入的全面资源进行全过程、全方位的造价管理；是一系列造价管理与实践方法的集成。虽然目前国际工程造价管理界的争论还有很多，但是多数人认为应该将基于活动和过程的全面造价管理理论和方法定为“21世纪的建设项目造价管理技术与方法”。这说明全面造价管理作为全面集成的造价管理模式，正在逐渐成熟，最终将成为21世纪建设项目造价管理的主流模式。

3.1 全面造价管理的基本理论

3.1.1 全面造价管理的概念

项目的全面造价管理是一种全新的项目造价管理模式，它是一种用来指导人们分析、确定和控制项目造价的思想和方法，它强调在项目造价的分析、确定与控制过程中一定要全面考虑各种要素的影响，如各个阶段的造价，确定性和不确定性造价。并且相关利益主体都要参与项目的造价管理。主要包括四个方面：项目全过程造价管理、项目全要素造价管理、项目全风险造价管理、项目全团队造价管理。

项目全过程造价管理，要从项目的各个阶段进行全过程的造价控制，以实现提高投资效益、提高工程质量、加快施工速度、降低工程造价的目的；工程项目全要素造价管理，需要对影响造价的诸因素（质量、工期与造价）进行全面的管理；工程项目全风险造价管理，需要考虑工程项目在实施过程中存在的许多风险和不确定因素，在造价管理中必须考虑风险对于造价的影响；工程项目全团队造价管理，在工程项目实现过程中会涉及参与项目建设的多个不同的利益主体，在造价管理中必须全面协调各个利益主体之间的利益和关系，将它们联合在一起构成一个全面合作的团队，努力实现对工程项目的全面造价管理。

（1）项目全过程造价管理

根据工程项目的阶段性，一个工程项目“全过程”的造价可以分解成各阶段的造价。由于具体活动和活动过程，以及活动方法和手段的不同会导致项目消耗和占用资源数量的不同，以及工程造价的差别，所以一个工程项目的具体活动和活动过程是形成项目造价的根本原因，而资源的消耗和占用只是项目活动的结果。采用不同的作业组织方式会使作业效率与效果不同，工程造价也会不同。要科学地控制工程造价就必须从分析项目的具体活动和活动过程入手，通过对这些具体活动造价的科学管理，降低和控制各项具体活动占用与消耗的资源，从而实现对工程项目的各个阶段的全面造价管理。这样，通过对工程项目各个阶段的全面造价管理，就可以实现对工程项目的全面造价管理。

（2）项目全要素造价管理

在工程项目的全过程中，影响工程造价的基本要素有三个：工期要素、质量要素和造价要素本身。工程项目的工期、质量都与工程造价有着直接的关系。人们往往对于直观的、量化的造价信息较为敏感，而对工期、质量信息却不容易把握。因此，要进行全要素造价管理，就应当尽量使工期、质量要素量化，并与造价要素联系起来进行管理。

（3）项目全风险造价管理

全风险造价管理的实现过程是一个存在着很大不确定性的过程，使项目在实现过程中存在着各种各样的风险。如果不能很好地管理这些项目建设风险，就会造成各种各样的损失。造价管理最重要的任务就是对不确定性造价的管理。全风险造价管理是在信息不完备理论、成本不确定性理论、风险管理理论的基础上形成的。主要包括四个相关阶段：风险识别、风险评估、风险处理和风险监控。这四个阶段发生在项目的全过程中，是一个连续的环状结构。

（4）项目全团队造价管理

工程项目全团队造价管理的形成是由于工程建设分工的不断细化，专业中介机构的不断发展，工程项目中涉及的利益主体越来越多。业主、设计方、施工方、工程监理、供应商等各方之间经常由于信息传递和沟通不畅，造成工程进展和管理上的困难，引发利益冲突，因而使得工程造价、质量、工期也难以得到保证。全团队造价管理就是要在各利益主体之间形成一种合作伙伴关系，以此来推动项目完成，最终实现“多赢”，共同努力去实现项目管理目标。

3.1.2　全面造价管理四个方面的逻辑关系

工程项目全面造价管理方法中的四种工程造价管理理论既各自独立、自成体系，可以单独使用，为工程项目的全面造价管理服务，同时又必须构成一个整体，为工程项目全面造价管理提供一个整体的解决方案。在整套技术方法中，全过程造价管理技术方法是基础，全要素造价管理技术方法是中坚，全风险造价管理技术方法是关键，全团队造价管理技术方法是核心。全面造价管理中四个理论间的逻辑关系如图 3-1 所示。

① 基于项目活动与过程的全过程造价管理方法是全面造价管理方法论的基础和出发点，全要素造价管理方法和全风险造价管理方法是在全过程造价管理方法基础之上的更为深入的全面造价管理方法。从图 3-1 中可以看见三种技术方法逐层分解的关系。

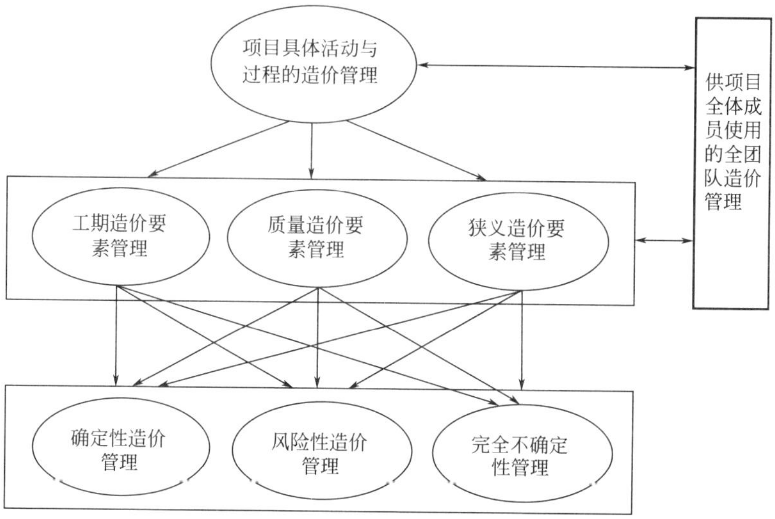

图 3-1 全面造价管理中四个理论间的逻辑关系

② 项目工期、造价、质量的全要素造价管理方法，是针对工程项目具体活动和活动过程的。它所管理和控制的正是各项具体活动和活动过程中的三大要素，通过降低各项活动与各个过程中三大要素的变化，实现降低整个工程项目造价的目标。

③ 针对项目风险性造价管理的全风险造价管理方法，最主要的是针对各项活动与过程中的工期、造价和质量风险。它所管理和控制的正是各项活动和过程中所存在的风险以及由这些风险所引起的造价变化。通过控制各项活动或过程的工期、质量和造价要素的风险，进而控制各项活动和过程的风险，最终控制整个项目的造价风险。

④ 全团队造价管理技术方法既可以独立使用，又可以与其他任何一种方法联合使用，也可以与其他三种方法共同使用。当这种方法与全过程造价管理技术方法结合使用时，它的主要作用是通过全团队的共同努力，改进和完善项目活动的方法和项目活动过程的合理安排，以降低工程造价；与全要素造价管理技术方法结合使用时，它的主要作用是协调全团队的力量，全面管理好项目的质量、工期、造价三大要素，以降低工程造价；与全风险造价管理技术方法结合使用时，它的作用是调动全团队力量去防范、化解和处理风险及其引起的造价变化，降低工程造价。

3.2 全面造价管理理论应用于我国政府投资建设项目的适用性分析

3.2.1 全面造价管理应用于我国政府投资建设项目的必要性

（1）可以解决传统全过程模式存在的问题

党的十六大以后，我国开始进入社会主义市场经济体制完善阶段，传统的政府投资建设项目造价管理体制早已不适应新的经济形势。从 2000 年到现在，我们已经完成了许多建设项目造价管理体制和方法方面的改革，其中最有代表性的是由建设部、国家质量监督检验检疫总局于 2003 年 3 月推出的国家标准《建设工程工程量清单计价规范》（GB 50500—2013）。这是我国传统的政府投资建设项目造价管理模式向现代建设项目造价管理新模式转变的集中体现。

经过多年的发展，我国的工程造价管理工作取得了可喜的成绩。但是，我国的工程造价管理，尤其是政府投资建设项目沿用建设阶段的全过程造价管理，仍然存在着投资项目造价管理范围小、管理者缺乏造价控制的动力、投资控制专业化水平较低、风险性造价管理理念淡薄、风险性造价管理理论与方法滞后、营运与维修阶段费用支出被忽视，以及由争端、冲突导致工程开支增加等大量问题。为了解决传统的政府投资建设项目全过程造价管理模式存在的问题，使政府投资建设项目造价管理模式可以适应社会发展的需要，我国政府投资建设项目应当应用全面造价管理。

（2）可以实现政府投资建设项目的目的

政府投资建设项目是实现政府的经济职能的手段之一。政府的经济职能包括以下几个方面。

① 对国民经济进行宏观调控，搞好基础设施建设，创造良好的经济发展环境，使国民经济协调稳定地发展。

② 根据效率与公平原则，调节社会分配，组织社会保障，控制人口增长，保护自然资源和生态环境。

③ 管理好国有资产，监督国有资产经营，以保证其保值增值，从而实现国家的经济和社会发展目标等。

上述三项职能要通过政府投资建设项目来实现。但是，如果政府投资建设项目的造价得不到有效的控制与管理，则政府的经济职能就难以很好地实现，这对我国和谐社会的构建与经济的稳定高速发展都是不利的。

全面造价管理与传统的建设项目造价管理模式相比，不但覆盖了更加广泛的内容，而且从管理原理和技术方法两个方面都有更大的优越性。实际上全面造价管理包括全过程造价管理与全生命周期造价管理的思想和方法，三者之间相辅相成、互相补充，从而形成了我国政府投资建设项目造价管理新模式较之传统模式优越的核心内容。我国政府投资建设项目造价管理新模式最重要的地方是：它蕴含的逻辑空间更宽阔，其理论更加科学和优越，其技术方法更加实用和有效。因此，在我国政府投资建设项目中应用全面造价管理的理论与方法，可以对项目造价进行有效的控制与管理，保证政府经济职能顺利完成。

（3）加入 WTO 与世界建筑行业接轨的需要

我国加入 WTO 以后，对政府、企业及其他相关组织均提出了新的要求。WTO 中对工程造价管理造成影响的规程主要有《服务贸易总协定》和《政府采购协议》。《服务贸易总协定》中有六条必须遵循的原则：最惠国待遇原则、透明度原则、发展中国家的更多参与原则、市场准入原则、国民待遇原则和逐步自由化原则；而《政府采购协议》在其序言中确定了非歧视原则、透明度原则和发展中国家差别待遇原则。我国已加入 WTO，就面临如何履行 WTO 的《政府采购协议》的问题，一旦履行，我国的政府采购市场将完全开放，对所有达到规定要求的政府投资建设项目都将进行国际范围内的招标采购。只有严格规范政府投资建设项目的造价管理，才能进一步构筑我国与国际惯例接轨的政府采购市场。

综上所述，在我国政府投资建设项目中应用全面造价管理是很有必要的，因为这关系到如此巨大的资金如何有效地使用，关系到国家的经济稳定和快速发展，关系到加入 WTO 后与世界建筑行业的接轨。

3.2.2 全面造价管理相对于其他造价管理模式的优越性

目前，国际上存在三种不同的建设项目造价管理的基本模式：其一是英国人最先在 1980 年前后提出的全生命周期造价管理模式；其二是我国最先在 1988 年前后提出的全过程造价管理模式；其三是美国人最先在 1993 年前后提出的全面造价管理模式。

建设项目全面造价管理是一种全新的建设项目造价管理模式，它是用来指导人们分析、确定和控制建设项目造价的思想和方法。全面造价管理不但包括全生命周期造价管理和全过程造价管理的一些思想和方法，同时还包括全要素、全团队和全风险造价管理等新的造价管理思想和方法，强调在建设项目造价的分析、确定与控制中一定要全面考虑各种要素的影响、各个阶段的造价、确定性和不确定性造价，并且项目相关利益主体都要参与项目的造价管理。

全面造价管理理论包括全生命周期造价管理的思想和方法。它要求在分析和设计建设项目的时候一定要考虑项目建造和运营维护两种成本。实际上，建设项目全面造价管理的纵向轴线就是全生命周期的建设项目造价管理思想和理念，以及全体项目相关利益主体对于建设项目造价的管理合作。

全面造价管理理论也包括一定的全过程造价管理的思想和方法。它要求在确定和控制建设时，一定要按照基于活动的管理方法去对建设项目造价进行全过程的管理，并且要考虑全要素和全风险的造价管理工作。这些是全面造价管理的横向轴线和主要的工作方法。

与全生命周期和全过程造价管理相比，全面造价管理的优越性主要体现在以下几点。

① 从时间跨度的角度来看，全面造价管理要求人们从工程生命周期出发去考虑造价和成本问题。它覆盖了工程项目的整个生命周期，考虑的时间范围更长，也更合理。

② 从管理内容的角度来看，全面造价管理不仅包括投资估算、初步设计概算、施工图预算、招标合同价、竣工结算、竣工决算、运营和维护成本管理等，还考虑到质量、工期、风险、合同争议等因素对造价的影响，以实现造价科学合理的控制与管理。

③ 从管理过程科学性的角度来看，与传统的围绕标准定额展开的管理方法不同，全面造价管理基本上是依照工程造价管理的客观规律和社会要求来进行的。工程造价的确定依据和影响工程造价的因素都是在不断变动的，若以相对静态的标准定额来管理工程造价，必然会与实际情况有偏差，不利于反映造价管理的成果。而全面造价管理则实时地掌握工程造价影响因素的变化，并及时做出反应。管理过程中的每个子过程的结果都要接受评价，若符合要求则进入下一步，否则重新进行。子过程和总过程都是一个“提问”和“应答”的动态循环过程。

④ 从设计方案合理性的角度来看，全面造价管理的思想和方法可以指导设计者自觉地、全面地从项目整个生命周期出发，综合考虑影响工程项目造价的工期、风险等因素，从而能够科学地设计和更加合理地选择建筑材

料，以便在确保设计质量的前提下，实现降低项目成本的目标。

⑤ 从工程项目实施的角度来看，全面造价管理的思想和方法可以在综合考虑项目整个生命周期以及各种要素影响的前提下，使施工组织设计方案的评价、工程合同的总体策划和工程施工方案的确定等方面更加科学合理。

3.2.3 全面造价管理应用于我国政府投资建设项目的可行性

（1）全面造价管理的优越性是其应用可行性的保证

① 前文已经述及，全面造价管理包括全生命周期造价管理的思想和方法，它要求在分析和设计建设项目时一定要考虑项目建造和运营维护两种成本，因此说全面造价管理与我国政府投资建设项目是相匹配的。

② 政府投资工程项目的活动过程比较复杂，投资额较大、工期较长、质量要求高、风险性极大，参与队伍也相当多，各方面的要求也相当高。全面造价管理这一模式最根本的特点在于其全面性，即这一模式中不但包括全生命周期和全过程造价管理模式的一些思想和方法，同时还包括全要素、全团队和全风险造价管理等新的造价管理思想和方法。它强调在建设项目造价的分析、确定与控制中一定要全面考虑各种要素的影响、各个阶段的造价、确定性和不确定性造价，并且项目的相关利益主体都要参与项目的造价管理。因此，对于建设周期长、质量要求高、不确定性和项目规模大的政府投资建设项目特别适用。

（2）现代项目管理科学与社会形态、道德意识的进步使得全面造价管理成为可能

当今，对我国工程建设项目应用全面造价管理影响最大的学科发展领域是现代项目管理科学，而影响最大的政法意识和社会道德理念是信息社会和知识经济发展所带来的社会形态和道德意识的变化。人们在政治意识和社会道德理念方面的变化和发展，不但为现代项目管理模式的转换提供了条件和可能性，同时也为我国政府投资建设项目应用全面造价管理提供了条件和出路。显然，国际上在这些方面的快速发展也直接影响到了我国政府投资建设项目应用全面造价管理，这些正在加速我们接受和使用更具科学性、适用性和集成性的政府投资建设项目造价管理新模式。

（3）社会经济发展水平的提高使得全面造价管理成为可能

我国现在正处在经济高速发展的时期，人民的物质和文化生活水平都有了很大的提高，人们对建筑物的需求已经不仅仅满足于居住、使用等基本功

能，还要满足人文、环保、生态及可持续发展的要求。全面造价管理在政府投资建设项目中应用所需要的社会经济发展水平已基本成熟。

（4）既得利益格局的影响使得全面造价管理成为可能

社会发展水平和既得利益格局也是对建设项目造价管理模式转换有影响的两个因素。我国自改革开放以来，社会形态和经济水平的发展十分迅速，在很多方面已经达到或超越了发达国家的发展情况。虽然我国的人均水平现在还不高，但是我国在其他许多地方都已经达到了很高的社会水平，特别是在投资项目建设的数量等方面，我国甚至远远高于西方发达国家，这就为我国的建设项目造价管理模式转换提供了很好的条件。

我国工程建设项目应用全面造价管理的既得利益格局是：国家主管部门正在抛弃已使用多年的基于定额的传统造价管理模式，并且强制推行基于工程量清单的全过程造价管理模式。与此同时，我国工程造价管理学术界和实务界的广大工作者也在极力地推广建设项目造价管理的新模式。这种既得利益格局的发展变化，正在促使我国工程建设项目造价管理主流模式从传统基于定额管理的模式向现代建设项目造价管理模式转换。

（5）环保、节能、节水的政策要求使得全面造价管理成为可能

目前，我国政府和建筑界正在大力提倡绿色建筑、生态建筑和环保建筑，要求采用环保建材，加强施工废物处理，采用节能和节水设施。这虽然会加大建筑成本，但是也会带来未来运营和维护成本的降低，提高建筑物的环境和生态效益。这些都是全面造价管理思想的体现。目前的国家和行业政策，为在我国实行全面造价管理提供了强有力的政策支持和良好的社会氛围。

我国的政府投资建设项目应用全面造价管理，并不是要完全放弃过去在政府投资建设项目造价管理实践中总结出来的理论和方法。按照管理模式和模式转换的理论，新的管理模式也要吸取旧模式中的精华部分，因此二者需要有机地结合起来。我国的政府投资建设项目造价管理模式的转换，同样应该是一个不断更新的过程。

3.3　全面造价管理应用于我国政府投资建设项目的整体方案

3.3.1　全过程——项目生命周期的造价管理

全过程造价管理模式的基本原理认为，一个项目的全过程是由一系列的

工作构成的，而每个项目工作又是由不同的项目活动构成的；一个项目全过程的这些活动都会消耗或者占用各种各样的资源，而这些资源的消耗都会形成花费和成本，从而构成了项目的造价。要对项目的造价进行管理，就要运用生命周期理论对项目的全过程进行分解。对各个阶段的活动进行有效管理，才能合理地确定项目的造价并进行有效的控制。我国目前采用的工程造价管理模式是以定额为计价基础的全过程工程造价管理模式。传统的全过程造价管理是指从项目决策阶段开始到竣工验收交付使用为止的各个阶段工程造价的合理确定和有效控制。这种造价控制方法的关键内容是其中的两个循环，即全过程（或子过程）的控制与持续改善循环，以及每个具体活动过程的控制与持续改善循环。这种基于活动的管理方法，其优越性在于，它能够使决策具体而有针对性，有利于企业不断改善进行工程项目的活动水平，利于企业财务和非财务业绩的评价。

建筑全生命周期管理（Lifecycle Management，LCM）是将工程建设过程中的规划、设计、招投标、施工、竣工验收及物业管理等环节作为一个整体，形成衔接各个环节的综合管理平台，并通过相应的信息平台，创建、管理及共享同一完整的工程信息，减少工程建设各阶段的衔接及各参与方之间的信息丢失，提高工程的建设效率。建筑工程项目具有技术含量高、施工周期长、风险高、涉及单位众多等特点，因此全建筑生命周期的划分就显得十分重要。全建筑生命周期一般分为三个阶段，即决策阶段、实施阶段、运营及报废阶段。

在传统的全过程造价控制中，工程项目的成本往往忽略了项目建成后的运营维护成本，没有从项目全生命周期的角度出发，去考虑项目的成本和价值问题。本书将项目的全过程扩展到项目的运营维护阶段，引入项目全生命周期造价（Whole Life Cost，WLC），这是寻求项目全生命周期内各阶段成本和整个总成本最小化的一种优化思想和方法，是对我国当前建筑业全过程投资确定和控制理论的一个拓展和提升。在可行性研究和设计阶段，选择全生命周期造价最小的决策备选方案和设计备选方案，从而实现更加科学的投资决策和建筑设计程序，是一个前沿的优化决策思想和方法。

在工程项目整个生命周期内的各个阶段，必须运用全生命周期投资理论进行投资确定、设计方案、施工成本和运营维护成本优化，从而树立以全生命周期造价最小为最优的投资测算和控制理念。

3.3.1.1 WLC基本概念

全生命周期造价（Whole Life Cost，WLC），在不同的文献中也写作“Life Cycle Costs”“Total Life Costing”“Through Life Costs”“Costs in Use”“Total Cost of Ownership”“Total Cost”等。BS ISO（British Standard International Standard Organization）15686标准将WLC分析定义如下：“评估建筑产品建造绩效及帮助在不同备选方案间做出选择的工具，这些方案都能满足客户需求，但是具有不同的初始造价和运营成本”。

3.3.1.2 WLC的意义

全生命周期造价管理是一种实现工程项目全生命周期，包括建设期、使用期和更新与拆除期等阶段总造价最小化的方法。全生命周期造价管理是一种可审计追踪的工程成本管理系统。

① 全生命周期造价管理是工程项目投资决策的一种分析工具，是一种用来选择决策备选方案的数学方法，在工程项目投资决策、可行性分析和项目备选方案评价等项目前期工作中起到了决策思想和决策支持工具的作用。

② 全生命周期造价管理是建筑设计的一种指导思想和手段，是计算工程项目整个服务期内所有成本以确定设计方案的一种技术方法，通过指导建筑设计者综合考虑工程项目的建造成本和运营维护成本，从而实现更加科学的建筑设计和更为合理地选择建筑材料，以达到降低项目全生命周期成本的目标。

③ 从工程项目全生命周期的阶段构成和全生命周期造价管理的目标出发，全生命周期造价管理不仅可以在投资估算阶段使用，还可以应用于其他阶段的投资确定和控制。

3.3.1.3 WLC的阶段划分

全生命周期造价管理指的是在整个工程实施的过程中，要对每一个阶段都实现管理操作的模式，其中包括施工建设的前期造价，以及工程后期的运营、维护造价。通过对各部分实现精确的造价计算，从而达到整个工程造价最低的目标。从投入成本来看，这种模式更加合理化、科学化，因为它充分考虑到了整个项目每一部分的造价组成，而且还可以有效审计项目中费用的具体去向。整个造价计算考虑的方向不再将目光局限于前期施工过程，相比于全过程工程造价管理，它所涉及的部分更加全面具体，包含设计部分、施工部分、完工部分，以及后期的运营、管理。同时这种模式在理论知识和计算方法上均有所改进，提出了更加科学有效的计算方法，包含对施工建设前期的造价计算，以及对工程后期运营、维护的造价计算，弥补了全过程工程造价管理在这方面的不足，还给出了科学的管理方法，对投入资金进行分析、管理。

根据BS-ISO 15686，建筑项目的整个生命周期包括如下阶段。

① 项目取得（Acquisition）阶段。项目取得阶段通常包括了所有必要的设计和施工活动，如土地费、管理费、设计费、施工成本等。

② 使用和维护（Use and Maintenance）阶段。使用和维护阶段是工程项目整个生命周期中最长的阶段。这个阶段的成本消耗在项目全生命周期造价（WLC）中占很大比例，所以对该阶段进行合理设计和优化将大大减少项目全生命周期造价（WLC）。

③ 更新和修理（Renewal and Adaptation）阶段。更新和修理阶段并非所有的建设项目中都存在，但只要它存在，新一轮的“使用和维护”费用就会重新发生。这个阶段在“弃置阶段”到来之前可能会多次发生。

④ 弃置（Disposal）阶段。弃置阶段包括拆除和场地清理，如果可能，还包括废弃物再利用及搬运。从成本—收益角度来看，该阶段既可能有净支出，也可能有净收益，这取决于建筑物期末的残余价值。

根据我国工程造价的具体情况来看，建设项目全生命周期工程造价管理阶段可划分如下：决策阶段、设计阶段、实施阶段、竣工验收阶段和运营维护阶段。对于每一个阶段来说，与此阶段相关的工程造价管理的各方都有不同管理。

3.3.1.4 WLC分析期限

建设项目生命期（Building Service Life）和建设项目要素（Building Elements）或构件寿命（Components Lives）是不一样的。项目WLC估计的一个重要变量是项目生命期。根据Kirk和Alphonse Dell'Isola（1995），建设项目生命期有以下定义。

技术生命期（Technological Life）是由技术原因（比如技术进步）引起建设项目过时废弃的周期。

可用生命期（Useful Life）是建设项目按已定性能标准正常运行的时期。

经济生命期（Economic Life）是该项目完成其功能最经济的选择期间。WLC 正是以该时期作为分析基础的。

3.3.1.5 WLC 的实施

全生命周期造价涉及三个阶段：初始建造阶段、运营维护阶段、弃置回收阶段。相应涉及三种成本：初始建造成本、运营和维护成本、净弃置成本（弃置成本减去回收收益）。

（1）初始建造成本的计算

初始建造成本的计算是建立在对已完工程造价信息的整理、分析基础上的数据库管理。在国外，工程管理发展历史长，已完工程信息数据积累多，同时配合以政府间接调控、造价师动态管理、统一的合同文件等一系列制度保证。国内目前已着手这方面的工作，但达到完善程度尚需时日。

（2）项目营运和维护成本的计算

项目运营和维护成本的计算，首先需要确定工程未来的营运和维护方案，然后对每个方案要给出详尽的未来运营和维护成本范畴的定义及每种成本的计算方法，生成准确的营运和维护成本函数。由于营运和维护成本发生在不同时期，因此还应确定合适的贴现系数。国外已开发多种基于全生命周期成本分析的计算软件，便于数据的存储和生命周期成本的计算；并且可生成标准的全生命周期成本分析报告，便于对全生命周期成本数据和文档进行统一管理。

3.3.1.6 WLC 的形成过程及影响程度

决策阶段对应工程造价管理的投资估算；设计阶段对应工程造价管理的初步设计概算和施工图预算；实施阶段对应工程造价管理的招投标价和工程合同价；竣工验收阶段对应工程造价管理的竣工结算和竣工决算；运营维护阶段对应运营和维护成本。全生命周期造价的形成过程如图 3-2 所示，各阶段造价的影响如图 3-3 所示。

由图 3-3 可知，控制工程造价的关键阶段是可行性研究决策阶段和设计阶段，而项目的施工阶段和运营维护阶段对投资的影响比例相对较小。在项目的设想和可行性研究阶段发生的费用一般不超过工程项目总费用的 1%～2%，但是这 1%～2%的费用对工程造价的影响程度却占 65%～95%以上；设计阶段对项目投资的影响程度为 15%～65%；而施工和运营维护阶段对

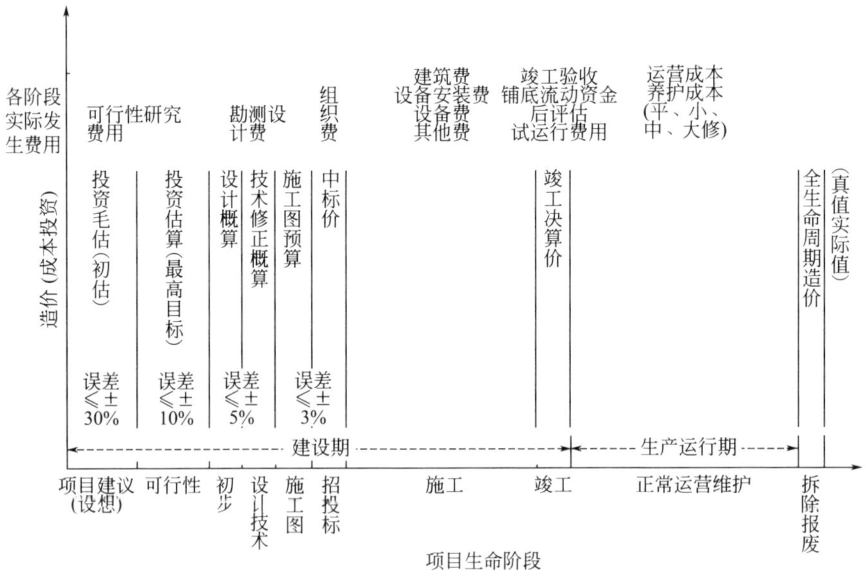

图 3-2 全生命周期造价形成过程

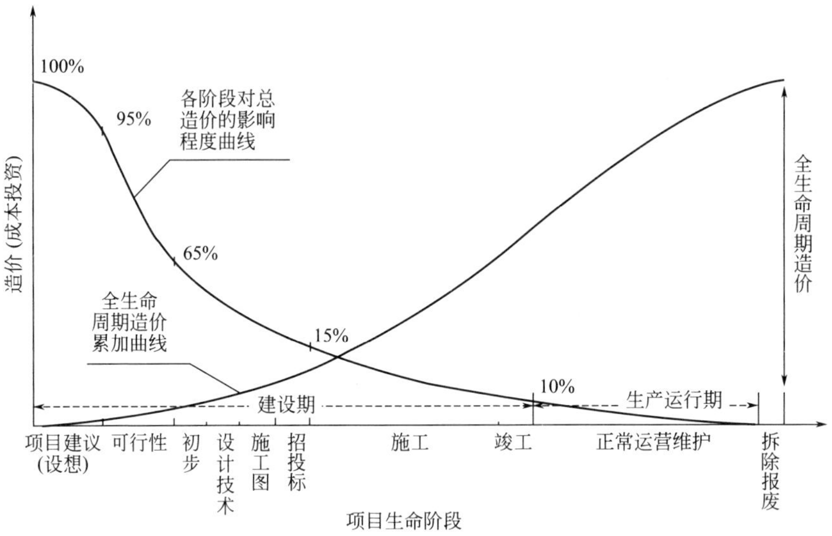

图 3-3 全生命周期各个阶段造价对总造价的影响程度

投资的影响程度仅为5%～15%左右（表3-1）。在建设过程中，应对建设全生命周期的造价控制负责，严格按批准的可行性研究报告中规定的建设规模、建设内容、建设工期和批准的工程项目总投资进行建设，按照国家有关工程建设招标投标管理的法律、法规，组织设计方案竞赛、施工招标、设备采购招标等，努力把工程造价控制在批准的总造价以内。

表3-1 项目各阶段发生的费用比例和决定投资的比例

项目阶段	设想和可行性研究阶段	设计阶段	施工阶段	竣工阶段	运营维护阶段
发生费用比例/%	1～2	5～6	≥40	≤1	≤50
对投资影响程度/%	65～95	15～65	10～15	≤1	≤5～10

3.3.1.7 全生命周期工程造价（WLC）各阶段的管理

（1）立项决策阶段的造价控制与管理

该阶段是运用多种科学手段综合论证政府投资建设项目在技术上是否可行、实用和可靠，在财务上是否盈利，并做出环境影响、社会效益和经济效益的分析、评价以及项目抗风险能力等结论。可行性研究阶段对拟建政府投资建设项目所做的投资估算是项目决策的重要依据。政府投资建设项目投资控制一般要求尽量做到预算不超概算、概算不超估算。而要提高立项决策阶段造价控制与管理的成效，必须注意以下几点。

① 明确投资估算的内容，确定投资估算的主要依据。估算的费用要包括项目从筹建、设计、施工到竣工投产所需的全部费用（建设资金及流动资金）。确定投资估算不仅要依据项目建设工程量、有关工程造价的文件、费用计算方法和费用标准，还要在参考同类工程项目的投资档案资料基础上，充分考虑影响建设工程投资的动态因素，如利率、汇率、税率资金等资金的时间价值。

② 选择合理的估算方法。目前，投资估算的编制方法大致有两类：第一类是传统的估价方法，如资金周转率法、生产能力指数法、比例估算法、朗格系数法、指标估算法；第二类是将现代数学理论与计算机技术相结合的计算方法，如模糊数学估算方法、模糊聚类分析方法、人工神经网络估算模型。其中，使用第二类方法能更准确、快速地进行投资估算。

③ 在计算出投资估算后，还要计算工程投入运营后的维护费，做出工程寿命期的费用估算，并对工程进行全面的效益分析，从而避免片面追求低造价而导致工程投产后维护使用费用不断增加的弊端。

对于基于生命周期理论预测工程项目造价的方法，现有文献中大多数全生命周期造价确定模型采用 NPV 法，一般仅考虑运营维护阶段，使用以下模型。

$$\mathrm{NPV}_j = C_{oj} + \sum_{t=1}^{T} {}^{d}O_{jt} + \sum_{t=1}^{T} {}^{d}M_{jt} - {}^{d}\mathrm{SAV}_j \tag{3-1}$$

$${}^{d}\mathrm{SAV}_j = {}^{d}\mathrm{RV}_{jT} - {}^{d}\mathrm{DC}_{jT} \tag{3-2}$$

式中 NPV_j——备选方案 j 的全生命周期造价的现值之和；

${}^{d}\mathrm{SAV}_j$——备选方案 j 在期末回收净值的折现值；

${}^{d}\mathrm{RV}_{jT}$——备选方案 j 期末回收价值的折现值；

${}^{d}\mathrm{DC}_{jT}$——备选方案 j 期末弃置成本折现值；

C_{oj}——备选方案 j 的初始造价（如设计费、工程建设费、竣工试运营费用等）；

${}^{d}M_{jt}$——备选方案 j 各个时刻养护成本（Maintenance Costs）折现值；

${}^{d}O_{jt}$——备选方案 j 各个时刻运营成本（Operation Costs）的折现值。

将 C_{oj} 拓展为整个建设期，可将其发展为以下模型。

$$\mathrm{NPV}_j = \sum_{t=1}^{T_1} {}^{d}f_{jt}(K) + \sum_{t=T_1+1}^{T_1+T_2} {}^{d}f_{jt}(E) + \sum_{t=T_1+T_2+1}^{T_1+T_2+T_3} {}^{d}f_{jt}(X) + \sum_{t=T'-T_2+1}^{T'} {}^{d}f_{jt}(\mathrm{S}) + \sum_{t=1}^{T} {}^{d}O_{jt} + \sum_{t=1}^{T} {}^{d}M_{jt} - {}^{d}\mathrm{SAV}_j \tag{3-3}$$

式中 NPV_j——备选方案 j 的全生命周期造价的现值之和；

${}^{d}f_{jt}(K)$、${}^{d}f_{jt}(E)$、${}^{d}f_{jt}(X)$、${}^{d}f_{jt}(\mathrm{S})$——备选方案 j 各个时刻的可行性研究、勘察设计、施工费用（建筑安装、设备工器具、其他费）、竣工试运营等费用的折现值；

T_1、T_2、T_3、T_4——可行性研究、勘察设计、施工、竣工试运行的时间；

$T'=T_1+T_2+T_3+T_4$——建设期时间（从可行性研究开始到弃置的整个项目分析期）；

${}^{d}O_{jt}$——备选方案 j 各个时刻运营成本（Operation Costs）的折现值；

${}^{d}M_{jt}$——备选方案 j 各个时刻养护成本（Maintenance Costs）折现值；

${}^{d}\mathrm{SAV}_j$——备选方案 j 在期末回收净值的折现值。

由英国邓迪大学 Malcolm Horner 所提出的显著性成本理论（Cost-significance，CS）认为，一个工程约 80%的总造价由占分项工程（Items）总数量比例约 20%的项目承担。我们把其称为显著性成本项目（Cost-significant Items，CSIs），其余称为非显著性成本项目（约占 80%），虽然其对项目总造价的影响甚微（约占 20%），但计算工作量（约占 80%）要大大超过 CSIs 的计算工作量（约占 20%）。因此我们只需要关注项目中的显著性成本项目，就既能极大简化计算工作量，又能保证投资估算的精确度。

将 CSIs 方法运用于 WLC 计算过程中，同理也可运用于控制过程中，可大大简化 WLC 的计算和控制程序，有如下公式。

$$\mathrm{NPV}_j=\frac{1}{\mathrm{csf}}\sum_{i=1}^{n}\sum_{t=1}^{T}C_{(\mathrm{csi})jt}(1+d)^{-t}-D(1+d_{\mathrm{D}})^{-T} \tag{3-4}$$

式中 $C_{(\mathrm{csi})}$——建造成本、运营和养护成本的显著性“分项”，如建安工程费、设备工器具费、其他费、清洁费、能源费、保险费、维修费等；

T——从可行性研究开始到弃置的整个项目分析期；

d——期望年折现率；

D——弃置收益减去弃置成本的净值；

csf——显著性因子（Cost-significant Factor）(不同建筑类型为不同常数)；

n——项目分析期成本显著“分项”的数目；

d_{D}——工程弃置年份的折现率。

④ 选择合理的资金筹集方式。资金筹集的方式多种多样，不同的资金筹集方式具有不同的要求、风险、特征以及成本。选择合理的资金筹集方式要注意以下几点：合理确定资金需要量，力求提高筹资效果；认真选择资金来源，力求降低资金成本；适时取得资金，保证资金投放需要；适当维持自有资金比例，正确安排负债经营；筹资决策时，还应考虑筹资风险对项目的影响。

⑤ 政府投资建设项目的经济效益评价和投资方案的优选。政府投资建设项目效益好坏的判断，要通过经济效益评价得出结果。投资方案经济效益评价可以分为两个基本内容：单方案检验与多方案的比选。单方案检验是指对某个初步选定的投资方案，根据项目收益与费用的情况，通过计算其经济评价指标，确定项目的可行性。多方案的比选是指对根据实际情况所提出的多个备选方案，通过选择适当的经济评价方法与指标，来对各个方案的经济效益进行比较，最终选择出具有最佳投资效果的方案。

⑥ 推动我国政府投资建设项目决策阶段的造价管理公众参与机制。政

府投资建设项目的兴建，是为了适应和推动国民经济或区域经济的发展，为了满足社会的文化、生活需要。从某种程度来说，政府投资建设项目是在用纳税人的钱为纳税人办事，因此，在政府投资建设项目的管理过程中积极引入公众参与，对于政府投资建设项目的顺利实施、对于推动社会主义市场经济的健康发展，以及构建社会主义和谐社会都具有重要的作用。政府投资建设项目决策阶段的造价管理公众参与，可以避免项目决策失误、减少损失，同时减少和防止项目决策中不合理造价的发生。

（2）设计阶段的造价控制与管理

设计阶段是工程造价管理的重点阶段，具体可采取以下措施。

① 推行限额设计。即按照批准的投资估算控制初步设计，按批准的初步设计总概算控制施工图设计。各专业在保证使用功能的前提下，按分配的投资限额控制设计，严格控制技术设计和施工图设计的不合理变更。

② 加强对设计概算的审查。合理、准确的设计概算可使下一阶段的投资控制目标更加科学合理，可以填补投资缺和漏洞，缩小概算与预算之间的差距，可提高项目投资的经济效益。

③ 开展价值工程的应用。价值工程作为一种十分有用的技术经济分析方法，已在各行各业得到广泛的应用。其基本思想是：运用集体的智慧和通过有组织的活动，着重对产品进行功能分析，使之以最低的成本，可靠地实现产品的必要功能，从而提高产品价值。

（3）实施阶段的造价管理

项目实施阶段可以进一步细分为招投标阶段和项目施工阶段两个子阶段，具体的管理如下所述。

① 招投标阶段的造价控制与管理。首先，准确编制招标控制价预算，审查标底时要重点做到“四审”，达到“四防”：审查工程量，防止多算错算；审查分项工程内容，防止重复计算；审查分项工程单价，防止错算错套；审查取费费率，防止高取多算。同时坚持在严格的评标制度下，确定工程承包合同的价格。其次，在政府投资建设项目的招投标过程中，应严格承包商的资质审查，必要时应进行实地考察，防止质量低劣、财务状况差、信誉差的承包商混入投标单位之列。再次，在进行技术标评价时，不仅要考虑建设方案，还要考虑未来的运营和维护方案，这两者均优的方案才是最好的技术方案；在评价商务标时，评价的依据应该由原先的“建设成本最低”变为“工程项目生命周期造价最低”。大力推广可持续发展的节能材料、环保新工艺在施工措施中的应用。

② 施工阶段的造价管理一般是指工程项目已完成施工图设计，并完成招标阶段工作和签订工程承包合同以后，造价工程师在施工阶段进行工程造价控制的工作。施工阶段的工程造价控制，要把计划工程造价控制额作为工程造价控制的目标值，在工程施工过程中定期进行工程造价实际值与目标值的比较，确保工程造价控制目标的实现。在施工阶段，需要编制资金使用计划，合理确定实际工程造价费用的支出；以严格的工程计量作为结算工程价款的依据；以施工图预算或工程合同价为控制目标，合理确定工程结算，控制工程进度款的支付；严格控制工程变更，合理确定工程变更价款。在工程项目实施阶段，要在全生命周期造价管理的思想和方法的指导下，综合考虑工程项目的全生命周期造价，使施工组织设计方案的评价、工程合同的总体策划和工程施工方案的确定等方面更加科学合理。

（4）竣工验收阶段的造价管理

竣工验收阶段是确定最终建设造价和考核政府投资建设项目的建设效益，办理项目资产移交，进行各阶段造价对比和资料整理、分析，总结积累的重要阶段；也是项目建设阶段结束，运营维护阶段的开始，是综合检验决策、设计及施工质量的关键环节。要着力做好建设造价的确定、工程施工质量的评定、生产操作人员的培训等工作，为政府投资建设项目正式进入生产运营打下良好的基础。

（5）运营和维护阶段的造价管理

在运营和维护阶段，要以生命周期造价最低为目标，制定合理的运营和维护方案。运营维护阶段的工程造价管理是指在保证项目质量目标和安全目标的前提下，通过制定合理的运营维护方案，运用现代经营手段和养护技术，对已投入使用的各类设施实行多功能、全方位的统一管理，为设施的产权人和使用人提供高效、周到的服务，以提高设施的经济价值和实用价值，降低运营和维护成本。

3.3.2 项目全风险造价管理的方法

3.3.2.1 建设项目造价的不确定性因素分析

项目的实现过程是在一个相对不确定并存在许多风险因素的内外部环境和条件下进行的。其中，影响建设项目造价的主要因素是外部环境条件因素，如通货膨胀、气候条件、地质情况、施工环境条件等。因为外部环境条件都存在着较大的不确定性，所以都有可能给建设项目带来风险，从而使建设项目的造价发生不正常的变化。另外，诸如第三方造成的停工风险（停水、停电等）、不可抗力事件发生的风险、投资环境恶化的风险、材料供应中断的风险等，都是建设项目所面临的外在风险，都会造成建设项目造价的不正常变动。这些不确定性因素的存在，以及它们对建设项目造价的影响，使得建设项目的造价一般都可分为以下三类。

① 确定性的造价。我们知道它一定会发生，而且知道其发生数额的大小。

② 风险性的造价。我们只知道它可能发生，同时知道其发生的概率，以及不同发生概率情况下造价的分布情况，但是我们不能肯定它一定会发生。

③ 完全不确定性造价。我们既不知道其是否会发生，也不知道其发生的概率分布情况。

这三部分不同性质的造价合在一起，就构成了一个建设项目的总造价。随着项目的逐步实施和项目信息的增加，项目所有不确定性成本都会从最初的完全不确定性成本逐步地转变成为风险性成本，然后进一步转变成确定性成本。所以，一般只有在项目最终完成时，我们才会得到一个完全确定的项目成本。因此，在项目的过程中，我们还必须综合管理好一个项目的确定性成本、风险性成本和完全不确定性成本，以实现项目成本的最小化。

一个建设项目的造价不确定性主要表现在三个方面；一是建设项目具体活动本身的不确定性；二是建设项目具体活动规模及其所消耗资源数量的不确定性；三是建设项目具体活动所消耗和占用资源价格的不确定性。对于它们的详细说明如下。

（1）建设项目具体活动本身的不确定性

这是指在建设项目的实现过程中，有一些具体活动可能发生，也可能不发生。例如，如果出现雨天，建设项目的一些室外施工就要停工，并且需要组织排水；而如果不出现雨天，就不需要停工，也不需要组织排水。但是是否出现雨天是不确定的，所以停工和排水的活动就是不确定性的。虽然人们在制订施工计划时可以气象资料作为参考，但是气象资料给出的也只是出现下雨天气的可能性或概率。这种具体活动本身的不确定性是造成建设项目造价不确定性的根本原因之一。

（2）建设项目具体活动规模及其所耗资源数量的不确定性

这是指在建设项目的实现过程中，有一些具体活动的规模及其所耗资源的数量可能会比较大，也可能会比较小。例如，在地基开挖过程中，如果实际地质情况比地质勘查资料给出的要好，则地基开挖的工作量就会比预计的要小，从而所消耗与占用的资源数量就会少。虽然人们在确定地基开挖工作量时有地质勘探资料作为依据，但是地质勘探调查采用的是抽样调查加推断的方法，是根据样本去推断总体的方法，并不是全面调查的方法，所以由此给出的调查结果只是在一定置信区间内相对可信的资料，本身就存在着一定的不确定性。所以这种具体活动规模及其所消耗和占用资源数量的不确定性也是造成建设项目造价不确定性的根源之一。

(3) 建设项目具体活动所耗资源和占用资源价格的不确定性

这是指在建设项目的实现过程中有一些具体活动所消耗和占用资源的价格会发生异常性的波动和变化。例如，进口建筑材料或设备，由于汇率在短期内大幅变化所形成的价格波动就属于这一范畴。同样，人们可以对建设项目实现活动所消耗与占用资源的价格进行种种预测，但是通常这种预测都是对变动范围及其发生概率的预测，而这些预测结果本身就包含着不确定性。所以，具体活动所消耗与占用资源价格的不确定性，会直接形成建设项目造价的波动与变化。因此，建设项目具体活动所消耗与占用资源价格的不确定性，同样是工程造价不确定性的主要根源之一。

3.3.2.2 项目造价不确定性的数值分析

综上所述，项目的成本在一般情况下都具有不确定性，但是人们可以通过求出这种不确定性成本的期望值来表示这种不确定性的成本，公式如下。

$$E(\mathrm{AC})_{ij}=\int_0^1\{P(A_{ij})[P(S_{ij})\times S_{ij}][P(P_{ij})\times P_{ij}]\}\,\mathrm{d}x \qquad (3\text{-}5)$$

式中 $E(\mathrm{AC})_{ij}$——项目活动的成本期望值；

A_{ij}——项目实现过程中的一项活动；

S_{ij}——活动及其所消耗和占用资源的规模；

P_{ij}——活动所消耗和占用资源的单位价格；

$P(A_{ij})$——活动发生的概率，当活动确定发生时，值为1，确定不发生时，值为0；

$P(S_{ij})$——活动及其所消耗与占用资源数量的概率；

$P(P_{ij})$——活动所消耗与占用资源价格的概率。

上式只适用于项目的不确定性事件概率分布连续的情况。对于那些概率分布不连续的不确定性事件，则有如下公式。

$$E(\mathrm{AC})_{ij}=\sum_{k=1}^{w}\{P(A_{ij})K\times[P(S_{ij})\times S_{ij}]K\times[P(P_{ij})\times P_{ij}]K\} \qquad (3\text{-}6)$$

式中 w——不确定性事件的个数，$k=1,2,3,\cdots,w$；

$E(\mathrm{AC})_{ij}$——项目活动的成本期望值；

A_{ij}——项目实现过程中的一项活动；

S_{ij}——活动及其所消耗和占用资源的规模；

P_{ij}——活动所消耗和占用资源的单位价格；

$P(A_{ij})$——活动发生的概率，当活动确定发生时值为 1，确定不发生值为 0；

$P(S_{ij})$——活动及其所消耗与占用资源数量的概率；

$P(P_{ij})$——活动所消耗与占用资源价格的概率；

K——不确定事件。

这样，一个建设项目的全风险成本 E(C) 就可以使用两个一般形式的公式表示。

① 对于概率分布连续的情况，其公式如下。

$$E(\mathrm{C})=\sum_{i=1}^{n}\sum_{j=1}^{m}(\mathrm{AC})_{ij}=\int_{0}^{1}\{P(A_{ij})\times[P(S_{ij})\times S_{ij}]\times[P(P_{ij})\times P_{ij}]\}\mathrm{d}x \tag{3-7}$$

② 对于概率分布不连续的情况，其公式如下。

$$E(\mathrm{C})=\sum_{i=1}^{n}\sum_{j=1}^{m}(\mathrm{AC})_{ij}=\sum_{k=1}^{w}\{P(A_{ij})K\times[P(S_{ij})\times S_{ij}]K\times[P(P_{ij})\times P_{ij}]K\} \tag{3-8}$$

3.3.2.3 建设项目风险造价管理的应对措施

工程项目全风险造价管理的实现过程，是一个存在很大不确定性的过程。造价管理最重要的任务就是对不确定性造价的管理。全风险造价管理是在信息不完备理论、成本不确定性理论、风险管理理论的基础上形成的。主要包括五个相关阶段：风险识别、风险估计、风险评价、风险应对和风险监控，这五个阶段发生于项目的全过程。

要实现对于项目全风险成本（造价）的控制，最根本的任务首先是要确定出项目中存在的各种风险并确定出全风险性成本；其次是要通过控制风险事件的发生与发展，直接或间接地控制项目的全风险成本；另外，还要开展对项目风险性成本和不可预见费用等各种项目风险性成本管理储备的确定和控制，从而实现整个项目的全面成本管理目标。

对于政府投资建设项目造价风险的应对，主要包括以下几个方面。

① 建立关于政府投资建设项目工程造价的宏观产业调控机制，减少由于产业环境变动和其他环境变化所引起的风险。政府或者产业协会可以建立行业预报，定期或者非定期地预报和发布一些关于产业发展和宏观环境变化的信息。如对于经济方面的风险因素，可以根据物价指数和居民消费价格指数的变化，以及银行汇率的变化，来识别和分析通货膨胀因素引起的工程造价风险；再如自然环境因素，可以和气象部门沟通，预测项目施工期间的气候情况，增加对此项风险事件的把握程度，从而采取相对应的风险防范措施，把风险发生的可能性消灭在萌芽中。现在许多工程采用的工程保险也是一种防范工程造价风险的有力措施。

② 加大对政府投资建设项目的可行性研究，以及对工程设计的投入和监管力度，减少基础性因素引起的工程造价风险。可行性研究和工程设计都是项目的基础，也是工程造价的基础，如果它们出现了问题或者安全隐患，整个项目包括工程造价就会出现很大的风险。因此要重视可行性研究和工程设计，为工程造价消灭基础性风险。

③ 设立工程造价风险协调机制和风险处理部门，提高政府投资建设项目参与各方的风险理念和风险管理的水平。风险管理理念和风险管理水平是通过学习、积累而形成和提高的。应加强对政府投资建设项目参与各方的风险管理培训，增强他们对工程造价风险的处理能力。设立工程造价风险协调机制，可以跟踪协调工程造价中出现的风险，识别和明确造成工程造价风险的事件和原因；可以通过协商和沟通，采取比较全面的处理措施；还可以积累抵抗工程造价风险的经验，为以后处理类似的风险提供借鉴。

3.3.3　项目全要素造价管理方法分析

在建设项目的全过程中，影响建设项目造价的基本要素有三个：工期要素、质量要素和造价要素本身。有人将这三个因素称为建设项目的成功三要素。在建设项目全过程中，这三个要素是可以相互影响和相互转化的。一个建设项目的工期和质量在一定条件下可以转化成建设项目的造价。例如，当需要缩短工期时，就需要增加额外的资源投入（发生赶工费），这样，工期的缩短就转化成了造价的增加。同样，当需要提高工程质量时，也需要增加资源的投入，这样，质量的提高就转化成了造价的增加。因此对于建设项目的全面造价管理而言，还必须从影响造价的全要素管理的角度，去分析和找出工期、质量与造价三要素的相互关系，分析和找出一套从全要素管理入手的全面造价管理具体技术方法。关于影响建设项目造价的这三个要素之间相互关系的具体分析如下。

3.3.3.1 建设项目成本要素的影响分析

项目成本主要受两个因素的影响：一是项目实施过程中各项活动消耗和占用的资源数量；二是各项活动所消耗与占用资源的价格。这两个方面又都会受到项目所开展活动的规模、数量和内容的影响，而项目所开展活动的规模、数量和内容等都属于项目范围的范畴。因此，项目成本的首要影响要素就是项目的范围，所以一个项目的成本可以由下式来表示。

$$C=f(S,P) \tag{3-9}$$

式中 C——项目的成本；

C_i——第 i 项活动的造价；

S——项目消耗和占用资源的数量；

P——项目消耗和占用资源的价格。

将建设项目的造价进一步分解为建设项目各项具体活动的造价，则有公式如下。

$$C_i=f_i(S,P)=S_jP_j \tag{3-10}$$

式中 C_i——第 i 项活动的造价；

S_j——第 i 项活动中所消耗或占用的第 j 项资源的数量；

P_j——第 i 项活动中所消耗或占用的第 j 项资源的价格；

f_i——C_i 与 S_j、P_j 的函数关系。

从全要素造价管理的角度来说，建设项目全面造价管理必须管理好整个建设项目消耗和占用资源的数量（S），以及所消耗与占用的资源价格（P）这两个要素。因为通过降低建设项目资源消耗与占用的数量和所消耗与占用资源的价格都可以直接地降低建设项目的造价。在这两个要素中，资源消耗与占用的数量（S）是第一位的，所消耗与占用资源的价格（P）是第二位的。因为通常资源消耗与占用的数量是一个内部控制要素，是相对可控的；而所消耗与占用资源的价格是一个外部控制要素，主要是由外部条件决定的，所以是一个相对不可控的因素。

3.3.3.2 建设项目工期要素的影响分析

项目的工期是指完成整个项目所需要花费的工作时间周期。在项目实施过程中，项目各项活动消耗或占用的资源都是在一定的时点上或在一定的时期中发生的，所以项目的成本是与项目工期直接关联的，而且项目成本同样会随着项目工期的变化而变化。这种项目成本与项目工期之间的相关关系，其根本原因是由于项目所消耗的资金、设备、人力等各种资源都具有自己的时间价值。

项目消耗或占用的各种资源都可以看作对货币资金的占用或垫付，只是这些投资的回收方式和方法不同而已。因此，项目的成本实际上都可以被看成是在项目实现过程中所投入的货币资金。这些货币资金，不管是自有资金还是银行贷款都有其时间价值。这样就可以将这种资金的时间价值的根本表现形式统一定义为投资的应得（或应计）利息。这种利息又被称为项目的资本化利息，它既是构成项目成本的主要科目之一，又是造成项目成本变动的原因之一。由于项目资金占用的时间价值应该按照贷款的复利公式进行计算，所以按照我国的规定，项目资金占用的时间价值可以用下式表示。

$$\mathrm{MT}=\sum_{t=1}^{n}(\mathrm{Mr}_t)=\sum_{t=1}^{n}[\mathrm{Mdr}_{t-1}+0.5(\mathrm{Md}_t)]R_t \tag{3-11}$$

式中　MT——项目累计到第 t 年的资金占用时间价值（累计发生的利息）；

Mr_t——第 t 年所发生的资金占用时间价值（t 年当年发生的利息）；

Mdr_{t-1}——累计到第 t 年初的贷款本息额；

Md_t——第 t 年的贷款总额；

R_t——第 t 年的利息额。

由上式可以看出，项目的成本与项目工期（或时间 t）和资金占用利息率 R_t 是直接相关的。所以项目的成本可以进一步表示为：

$$C=F(S,P,T,R) \tag{3-12}$$

式中　F——C 与 S，P，T，R 的函数关系；

T——工期；

R——利率；

S——项目消耗或占用资源的数量；

P——项目消耗或占用资源的价格。

因此，要进行建设项目造价的全面管理，就必须同时考虑建设项目的造价与工期两个要素的集成管理。只管理造价要素，不考虑工期要素的影响，则无法实现对建设项目的全面造价管理。因为项目工期要素的变化会直接造成建设项目造价的变化，并造成建设项目造价损失。

3.3.3.3 建设项目质量要素的影响分析

项目质量是指项目产出物能够满足业主或客户需求的特性指标。项目实施的全过程就是一种项目产出物质量的形成过程。在这一过程中，为达到项目质量要求，需要开展两个方面的工作：第一个是项目质量的检验与保障工作；第二个是项目质量失败的补救和恢复工作。这两项工作都要消耗或占用资源，所以都会产生项目成本，即项目的质量成本。有关项目质量和项目成本之间关系的具体讨论如下。

(1) 项目质量检验与保障成本（Cqp）

这一成本是为保障项目质量而发生的成本，它是关于项目各项活动的质量水平要求（Rl_i）与项目实施者的质量保障能力（Pl_i）的函数。可以表示如下。

$$\mathrm{Cqp} = \sum_{i=1}^{n} \mathrm{Cqp}_i = \sum_{i=1}^{n} [F_i(\mathrm{Rl}_i, \mathrm{Pl}_i)] \tag{3-13}$$

式中 Cqp_i——第 i 项活动的质量检验与保障成本；

Rl_i——第 i 项活动的质量水平要求；

Pl_i——第 i 项活动的质量保障能力；

F_i（Rl_i，Pl_i）——第 i 项活动的质量保障成本函数；

n——一个项目中包含的活动数，$i=1,2,3,\cdots,n$。

(2) 项目质量失败补救成本（Cqf）

这一项目质量成本是由于项目质量保障工作的失败而出现了质量事故，对其进行补救措施时所发生的项目成本。它由质量事故所造成的损失成本（Cl_i）和为恢复并达到质量要求而采取补救措施所花费的成本（Cr_i）两部分构成。这部分项目质量成本可用公式表示如下。

$$\mathrm{Cqf} = \sum_{i=1}^{n} \mathrm{Cqf}_i = \sum_{i=1}^{m} (\mathrm{Cl}_i + \mathrm{Cr}_i) \tag{3-14}$$

式中 Cqf_i——第 i 项活动的质量保障失败补救成本；

Cl_i——第 i 项活动质量失败的损失成本；

Cr_i——第 i 项活动因质量保障失败而采取补救措施的成本；

m——一个项目中所包含的质量保障失败的活动数，$i=1,2,3,\cdots,m$。

(3) 项目与要素直接相关的成本

综合上述两项与项目质量要素有关的成本，则可以将项目与质量要素直接相关的成本表示如下。

$$\mathrm{Cq}=\mathrm{Cqp}+\mathrm{Cqf} \tag{3-15}$$

式中 Cqp——质量检验与保障成本；

Cqf——质量保障失败的补救成本。

3.3.3.4 项目全要素成本的表述

由此可见，项目造价管理不仅与造价本身和工期有关，而且与工程质量直接相关。所以项目全要素成本可以更进一步表示如下。

$$C=G(S,P,T,R,\mathrm{Cqp},\mathrm{Cqf}) \tag{3-16}$$

式中 G——C 与 S，P，T，R，Cqp，Cqf 之间的函数关系；

S——项目资源数量；

P——资源价格；

T——项目工期；

R——利息率；

Cqp——项目质量检验与保障成本；

Cqf——项目质量保障失败的补救成本。

3.3.3.5 项目全要素造价控制的方法——集成管理的造价控制模型

根据上述分析和说明可以看出，要实现对项目成本的全面而有效的控制，就必须开展项目的造价、工期、质量三个要素的集成管理。其最根本的任务是要控制好影响项目成本的各个要素的发展和变动，从而实现全面控制造价变动的目标。所以在项目全要素造价的集成管理方法中，应主要包括两个方面的具体方法：一是分析和预测工程项目三个要素变动与发展趋势的方法；二是集成控制这三个要素的变动及其影响的技术方法。

（1）建设项目全要素集成造价管理的原理与方法

利用“赢得值”原理可以有效实现工程项目造价与进度的集成管理。近年来有学者在“赢得值”原理的基础上，通过引入一个新的中间变量“赢得质量价值”，分析由工程质量因素所造成的项目造价变动。建立了项目造价、工期和质量三者的关系，实现工程项目三要素（造价与工期、质量）集成造价管理。

赢得质量价值的具体含义可以用数学公式表示如下。

$$\mathrm{ACZWP}=\mathrm{ACWP}\times Q_e \tag{3-17}$$

$$Q_e=\frac{\mathrm{AQ}}{\mathrm{BQ}}\times 100\% \tag{3-18}$$

式中 Q_e——工程质量指数；

AQ——实际质量水平，即实际已完成的工程实体所达到的质量水平；

BQ——规定质量水平，即计划要求达到的工程实体的质量水平。

建设项目三要素集成造价管理可由一幅四条曲线组成的图形来说明，如图 3-4 所示。

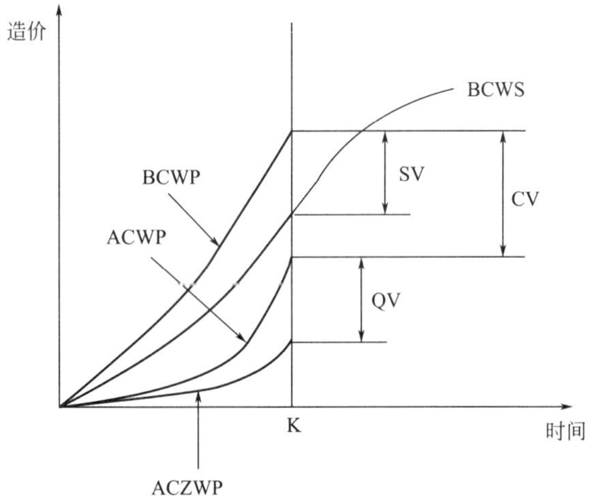

图 3-4 建设项目三要素集成造价管理曲线

第一条曲线是“计划工作量的预算值曲线” （Budgeted Cost of the Work Schedule，BCWS）。BCWS 曲线是综合了进度计划和预算费用后得出的，这条曲线是项目控制的基准曲线。

第二条曲线是“已完工作量的预算值曲线”（Budgeted Cost of the Performed，BCWP），也叫“赢得值曲线”。BCWP 的值是用预算时的价格来计算已完工作量所取得的实物进展的值。它是测量项目实际进展所取得绩效的尺度。

第三条曲线是“已完工作量的实际费用消耗曲线”（Actual Cost of the Work Performed，ACWP）。ACWP 曲线的含义是已完工作量实际上消耗的费用。

第四条曲线是“已完工作量实际质量水平的实际费用消耗曲线”（Actual Cost of Actual Quality of the Work Performed，ACWZP）。ACWZP 曲线的含义是已完工作量达到实际质量水平实际上消耗的费用。

质量变动会造成工期的变动、造价的变化。修复质量事故，或者因为质量缺陷而导致返工等原因会造成工期的延误，同时会带来造价的损失。工程质量问题主要是由于质量管理和工程监理方面的问题造成的，所以，ACZWP的值除了用ACWP的值乘以实际质量水平指数外，也可以用ACWP的值减去修复质量事故或者质量缺陷所需的值。

由此可见，三要素造价管理的方法实现了对工程项目的费用、进度和质量的综合控制。通过对图形中曲线的分析，我们能够分清工期变动、质量变动、单位作业资源消耗和资源价格（综合单价）变动对工程项目造价带来的影响，这些曲线可以直观地反映项目造价、工期、质量等方面与计划的偏差情况。

在政府投资建设项目的造价管理中，可利用建设项目三要素集成造价管理的方法，再结合项目的范围管理，运用工作结构分解方法完成工作结构分解与费用分解双层的WBS（工作分解结构）系统图，就可构建政府投资建设项目全要素集成造价管理模型。

（2）工程量清单计价下的计价活动模块划分

① 工程量清单计价下的工程造价构成。《建设工程工程量清单计价规范》（GB 50500—2013）把建筑安装工程造价分为分部分项工程费、措施项目费、其他项目费、规费、税金。其他项目费主要包括暂列金额、暂估价、计日工、总承包服务费等。规费、税金是不可竞争费，在工程实际进展过程中无需给予过多的关注，不必设置单独计价模块。

② 工程量清单计价下的计价活动模块划分。分部分项工程费用的发生是随着工程进展而进展的。在实施过程中，清单项目的工程量会发生变化，同时项目技术规格、标准、材料的改变会导致项目单价发生变化，所以清单项目价值会随之发生变化，这样可能会导致进度的偏差和费用的偏差。

措施项目费用的发生分为三种情况。

a. 与分部分项工程中的某些活动存在直接关联的活动，如混凝土及钢筋混凝土模板工程、施工排水降水等。

b. 与分部分项工程的具体活动不存在直接关联，但与工程的进展有关。其中，有的是在项目开始时一次性投入的工程，如大型机械设备进出场及安拆费和临时设施费；有的是随着工程的进展而逐步投入的活动，它们与工期有着正相关的关系，如夜间施工、环境保护、安全施工等。

c. 与分部分项工程具体活动和工期都有关系，但没有强相关性，如脚手架。

总之，措施项目计价活动是一个比较复杂的模块。

计日工主要用于零星工程及名目繁多的活动，不能以实物量计量，它包括零星的人工、材料、机械，以及一些零星工程。零星工作费用在招标文件中一般由业主在招标文件中提供假想工程量，由投标者报出相应的单价，从而计算出零星工作总费用，并将零星工作总费用计入到总报价中。应将此类活动单列一个模块。

在我国现行的政府投资建设项目中，业主自行采购部分材料的情况非常多，尤其是一些价格比较昂贵、用量比较多的材料，业主多是选择自主采购，这部分材料往往在工程项目造价中所占比重比较大。因此，如何控制好这部分造价相当重要。业主自行采购的材料又叫甲供材。在工程量清单计价中，甲供材是含在分部分项工程中的，为了对这部分费用进行控制，有必要将甲供材从分部分项工程费中分离出来，划分为暂列金额。

暂估价是业主为可能发生的工程量变更而预留的金额，是一个重要的模块，主要包括以下内容。

a. 工程量清单计价下的工程结算调整情况。

b. 设计变更和施工条件的变化引起合同内清单项目的量和价的变化，以及新增工程。

c. 索赔引起的费用增加。

d. 物价调整，合同规定可以调整的因素对整个工程造价的影响。

e. 其他调整，包括业主支付给承包商的奖金、应由业主支付的额外质量检验费用等。

在实际工作中，由这些变化引起的工程造价的变化，应单列入暂估价。

为了实行政府投资建设项目造价的动态控制，可以把工程量清单计价模式下的建筑安装工程造价活动划分为分部分项工程计价活动、措施性项目计价活动、暂列金额计价活动、计日工计价活动、暂估价计价活动这五大模块，如图 3-5 所示。

(3) 建立我国政府投资建设项目三要素集成管理的造价控制模型

① 完成工作任务分解和费用要素分解的 WBS 系统图。工作结构分解(Work Breakdown Structure，WBS)，它是项目管理知识体系中范围管理的一个技术方法，是工程计划、造价控制的基础。

为了实行政府投资建设项目工程造价与工期、质量的集成造价管理，真正实现工程造价的全要素管理，从而有效地控制工程造价，就必须对项目的工作任务和费用要素进行分解，自上而下逐级分解到进度安排和资金分配细

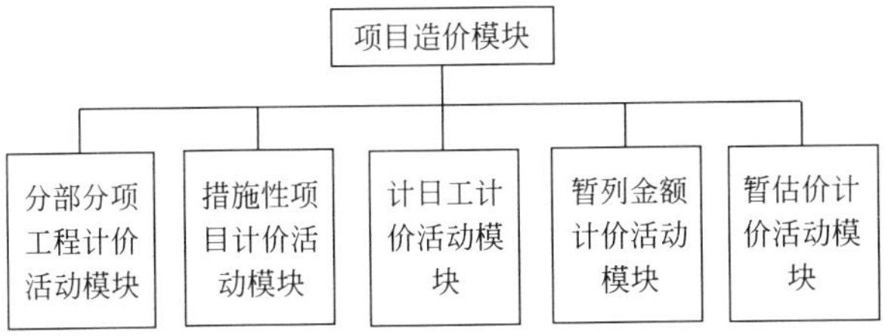

图 3-5　工程项目计价活动模块划分

项，以便于管理和统计。

只要是单独发包的合同，它必然是 PSWBS（工作任务结构分解）的最低层次上的项目单元，同时又是 CSWBS（费用分解）的第一层次的项目单元。在政府投资建设项目中，合同项目可能是一个单项工程、一个单位工程、一个分部工程。在政府投资建设项目的进展过程中，每一个合同项目就是业主所要考查跟踪的对象。

② 计价活动模块划分。在通过工程量清单招标的政府投资建设项目建筑安装工程中，任何一个合同项目都可以划分为分部分项工程计价活动模块、措施项目计价活动模块、计日工计价活动模块、暂列金额计价活动模块、暂估价计价模块这五大模块。

③ 工程造价基本参数计算。政府投资建设项目的三要素集成造价管理方法中有四个工程造价基本参数，将它设置成四大模块来进行研究，分别是预算计划值设置模块、赢得值度量模块、实际值统计模块、实际质量价值统计模块。每一个模块都是由分部分项工程计价活动模块、措施项目计价活动模块、计日工计价活动模块、预留金计价活动模块、业主自行采购材料活动计价模块这五大模块组成。这样我们就能计算出所需要的计划值与实际值。

④ 偏差分析。在政府投资建设项目工程的进展过程中，有了这些工程造价基本参数，我们就可以计算出所产生的偏差是质量偏差、造价偏差还是进度偏差。

绝对差异的计算如下。

造价偏差：$CV_i = BCWP_i - ACWP_i$，$CV = \sum_{i=1}^{k} CV_i$

进度偏差：$SV_i = BCWP_i - BCWS_i$，$SV = \sum_{i=1}^{k} SV_i$

质量偏差：$QV_i = ACWP_i - ACZWP_i$，$QV = \sum_{i=1}^{k} QV_i$

相对差异（绩效指数）的计算如下。

造价偏差：$CPI(e)_i = BCWP_i / ACWP_i$，$CPI(e) = \sum_{i=1}^{k} BCWP_i / \sum_{i=1}^{k} ACWP_i$

进度偏差：$SPI(e)_i = BCWP_i / BCWS_i$，$SPI(e) = \sum_{i=1}^{k} BCWP_i / \sum_{i=1}^{k} BCWS_i$

质量偏差：$QPI(e)_i = ACZWP_i / ACWP_i$，$QPI(e) = \sum_{i=1}^{k} ACZWP_i / \sum_{i=1}^{k} ACWP_i$

变异系数的计算如下。

造价 $\sigma = CV/BCWP$；进度 $\tau = SV/BCWS$；质量 $\omega = QV/ACWP$

这些数据可以直观地反映政府投资建设项目中造价、工期、质量的偏差程度及趋势。

3.3.4 项目全团队造价管理的方法

3.3.4.1 项目全团队的构成

在项目的实现过程中会涉及众多不同的项目利益主体，这些项目相关的利益主体包括：建设项目的项目法人或业主，承担建设项目设计任务的设计单位，承担建设项目监理工作的工程监理咨询单位或监理工程师，承担建设项目造价管理工作的造价工程咨询单位或造价工程师，承担建设项目施工任务的施工单位或承包商及分包商，以及提供各种建设项目所需物料、设备的供应商等。这些不同的利益主体，一方面为实现同一建设项目而共同合作，依分工去完成建设项目的不同任务，而获得各自的收益；另一方面，在建设项目的实施过程中，这些利益主体为了各自的利益会发生冲突，这就要求在项目的造价管理中，必须全面协调各个利益主体之间的利益和关系，将这些利益相互冲突的不同主体联合在一起构成一个全面合作的利益主体，并通过这个利益主体的共同努力，去实现对于建设项目的全面造价管理。

3.3.4.2 项目全团队中的成本传递方程

在一个工程项目的利益主体成员中，项目业主作为建设项目的投资者，是投资购买设施建设与建筑服务的一方；而其他利益主体成员都是各种不同的建设服务提供者，他们都是通过提供某一方面的服务去获取收益的一方。这些利益主体成员多数是以合同的方式与业主或其代理人形成服务关系。在项目合同双方中，项目业主作为服务的买方，总是希望在获得满意的服务和实现既定项目目标的前提下尽量降低项目成本，并且尽量将项目风险转移到服务的提供者一方，千方百计地降低各种服务的买价。

（1）服务提供者处于竞价劣势地位时的成本传递方程

由于建筑业存在着激烈的竞争，项目业主往往处于竞价的优势地位，在建筑服务提供者处于竞价劣势地位的情况下，他们就只能屈从于项目业主的要求去降低自己服务的卖价。但是由于项目不同于一般产品，项目是先定价后生产或服务的，同时，项目的结算方式是先定价，然后在服务过程中逐月进行结算，所以当提供服务的一方在接受了合同之后，他们还可以采取降低服务水平等方式，努力使自己的服务成本得以降低。这样就有了如下的项目服务价值（项目成本）传递方程。

$$C_{\mathrm{b}i}\downarrow \geqslant V_{\mathrm{s}i}\downarrow \geqslant C_{\mathrm{s}i}\downarrow \geqslant V_{\mathrm{b}i}\downarrow$$

式中　$C_{\mathrm{b}i}$——第 i 项目服务的买价，即项目业主的买价；

$V_{\mathrm{s}i}$——第 i 项目服务的卖价，如承包商的买价；

$C_{\mathrm{s}i}$——第 i 服务卖方的成本或预算，如承包商的成本；

$V_{\mathrm{b}i}$——第 i 服务的买方价值；

i——一个项目中的第 i 项服务；

s——服务的卖方；

b——服务的买方。

在这一造价变动的传递过程中，由于业主和服务提供者之间为了各自的利益所采取的降低造价的做法，通常会造成双方的利益冲突。因为业主希望在确保质量和工期等目标的前提下，尽可能地降低建设服务的买价，这样就会降低服务卖方的盈利，从而伤害服务卖方的利益；而服务卖方为了保护自己的利益，会通过降低质量或拖延工期等办法去降低自己的服务成本，这反过来又会伤害业主（买方）的根本利益。由于这种利益冲突和各自自我保护行为的存在，会破坏双方在建设项目造价管理方面的全面合作，所以人们必须对此开展必要的管理与控制。

（2）服务提供者处于竞价优势地位时的成本传递方程

如果服务提供者在项目所处领域拥有垄断地位，那么他就拥有更多的竞争优势，这时他会不惜侵占或牺牲业主的利益千方百计地提高服务的成本预算，从而实现提高服务的卖价的目的。如果此时项目的业主处于争价劣势，他们就只能屈从并提高自己对服务的买价。这样就有了另一个服务价值（项目成本）的传递方程。

$$C_{si}\uparrow \geqslant V_{si}\uparrow \geqslant C_{bi}\uparrow \geqslant V_{bi}\downarrow$$

在这一项目成本传递方程式中，同样存在能够造成项目服务买卖双方利益冲突的问题，因为项目服务的卖方过高地提高服务卖价就会损害项目业主作为买方的根本利益。此时，如果项目的业主提高对项目质量和项目工期等方面的要求，就会造成服务卖方的成本上升，从而使服务的卖方无法从提高卖价中获益。当然，此时项目业主提高质量或工期等方面的要求，多数是一种额外或多余的要求，他们并不能给项目业主带来新的收益，实际上这也是一种浪费，而且是一种损害双方共同利益的浪费。由于这些利益冲突的存在，双方在有关建设项目造价管理的信息沟通方面也会出现许多沟通障碍，这样会进一步妨碍双方对于建设项目的造价管理。这也是现有建设项目造价管理中普遍存在的一个严重问题。

（3）买卖双方建立合作伙伴关系时的成本传递方程

如果项目全团队成员建立一种合作伙伴式的关系，这种关系能够确保通过合作开展全面造价管理的收益合理地分配到每一个合作方。有了造价管理合作思想和收益的分享，就能够保证全面造价管理的各个利益主体之间的真诚合作，并通过各方的共同努力，实现建设项目造价的全面降低。实际上，这种利益主体造价管理的方法，完全改变了前面给出的工程造价变动传递过程模式。这种合作伙伴式的造价管理模式，是一种从利益主体成员共同努力去降低建筑服务成本入手，到利益主体成员分享全面造价管理收益的一个过程。这种项目成本的传递方程可以用如下公式表示。

$$C_{si}\downarrow \geqslant V_{si}\uparrow \geqslant C_{bi}\downarrow \geqslant V_{bi}\uparrow$$

这一造价变动传递过程的含义是，建设服务的各方在建立合作伙伴关系的基础上，以利益主体成员相互合作的方式，共同做好一个建设项目的造价管理，并分享利益主体造价管理所带来的收益。在合作过程中，通过利益主体成员的共同努力，实现全面有效的信息沟通和造价管理。首先从降低建设服务本身的成本入手，然后通过努力减少项目全过程的无效活动，积极控制建设项目全要素对造价的影响，设法消除或合理分担建设项目的风险性造价，从而使建设服务的卖价全面降低，然后在此基础上进一步实现建设服务买价的降低。这一方法从降低建设服务自身成本这一根本环节入手，实现建设造价向下变动的合理传递，这样就能够在保证服务提供者和业主所获利益均衡的情况下，在建设项目造价管理上实现建设服务买卖双方的共赢。

3.3.4.3 项目全团队造价控制的方法——基于 Partnering 模式的组织架构

在政府投资建设项目中应用全面造价管理，其中涉及的利益主体包括业主、设计方、施工方、工程监理、供应商等。各方之间经常由于信息传递和沟通不畅，造成项目进展和管理上的困难，引发利益冲突，因而工程造价、质量、工期也难以得到保证。解决这一问题的基本思路是，既要提高业主方的项目管理水平，加强业主方项目管理的力量，同时更要建立有效的联系、沟通机制，协调各方各自的目标，将其合理地整合到项目的共同目标中，以更加顺利地实施工程项目。那么，面对各个利益主体不同的利益诉求，该建立怎样的组织架构去贯彻上述思路呢？本书设想的政府投资建设项目组织形式，就是以全团队造价管理的思想为内核，在各利益主体之间形成一种合作伙伴关系，以此来推动项目完成，使系统的目标以高效率实现，最终实现“多赢”。

Partnering 模式即合伙模式，是在充分考虑建设各方利益的基础上确定建设工程共同目标的一种管理模式。它一般要求业主与参建各方在相互信任、资源共享的基础上达成一种短期或长期的协议，通过建立工作小组相互合作、及时沟通，以避免争议和诉讼的产生，共同解决建设工程实施过程中出现的问题，共同分担工程风险和有关费用，以保证参与各方目标和利益的实现。

与传统建设方式相比，采用 Partnering 模式可以对投资、进度、质量的控制产生显著的效果。合作伙伴式管理既可以保持分工的效率，又可以获得合作的好处。一是与传统建设方式相比，采用 Partnering 模式的项目，其平均实际工期比计划工期提前 4.7%；二是其工程变更、项目争议和工程索赔费用为传统建设方式项目的 20%～54%；三是采用 Partnering 模式的项目工程质量较高，项目业主对质量的满意程度平均比传统建设方式的项目提高约 26%；四是采用 Partnering 模式的工程项目，在信息沟通、决策指定、解决争端、团体合作等诸多方面都有很大改善，项目业主认可团队成员工作关系的占 67%，项目承包商有同样感受的达到了 71%。

Partnering 模式在美国许多项目中被广泛采用，并取得了明显的效果；在欧美一些国家甚至出现了专门提供 Partnering 模式服务的咨询公司；该模式在澳大利亚、新加坡、我国香港也已被广泛采用；在日本，Partnering 模式已经司空见惯。随着人们对 Partnering 模式的了解，在不久的将来，

Partnering 模式也会广泛服务于我国内地的工程建设中。

(1) Partnering 模式与政府投资建设项目全面造价管理的适配性分析

① 管理理念相同。Partnering 模式的特点之一就是建立了项目的共同目标，使得项目参与各方以项目整体利益为目标，弱化项目参与各方的利益冲突。这与全面造价管理中全团队造价管理的理念相同。全团队造价管理强调在工程项目的造价管理中必须全面协调各个利益主体之间的利益和关系，将这些利益相互冲突的不同主体联合在一起，构成一个全面合作的团队，去实现对工程项目的全面造价管理。

② 两者适用范围相近。Partnering 模式主要适用的情况是业主有连续的一系列的工程建设项目。连续的项目为业主与承包商等参与方的长期合作提供了有利的环境与基础，不仅仅是在一个单独的项目上实施 Partnering 模式，而是实施战略性的 Partnering 模式。而政府投资建设项目是全面造价管理可适用的典型类型。由此可见，两者的适用范围是相近的。

由上述分析可知，基于 Partnering 模式来设计政府投资建设项目的全面造价管理组织形式是合理的，也是可行的。

(2) 基于 Partnering 模式的政府投资建设项目全面造价管理组织形式设计

Partnering 模式是一个或多个组织，为了达到具体目标，并使各自投入的资源实现效益最大化所做的一种努力。合作伙伴关系不是合同，也不能代替合同，在合理确立法律关系的同时，合作伙伴关系要通过共同努力和正式积极的信息沟通，去建立各方之间良好的工作关系。它强调各主体之间的信息沟通，建立相互信任和共同合作的思想与理念，用崭新的共担风险、相互合作的伙伴关系来替代原有的互不信任、利益冲突的对立关系。全面造价管理组织的结构如图 3-6 所示。

构建基于 Partnering 模式的政府投资建设项目全面造价管理组织，应注意以下几个方面。

① 由政府投资建设项目的业主、建筑师、承包商等主要参与方的高级管理人员共同组建监督管理小组，负责订立共同目标、计划与决策，委任工作组成员，以及建立问题争议处理系统和绩效评价系统等工作。

② 在订立共同目标、计划与决策，委任工作组成员，以及建立问题争议处理系统和绩效评价系统等工作结束之后，就要由项目参与各方推选出一个有资历、有权威且与各方无利害关系的中间人，负责主持该关系的运转。这个中间人并不具有指令的权力，但他在协调小组工作和处理争议上起着关

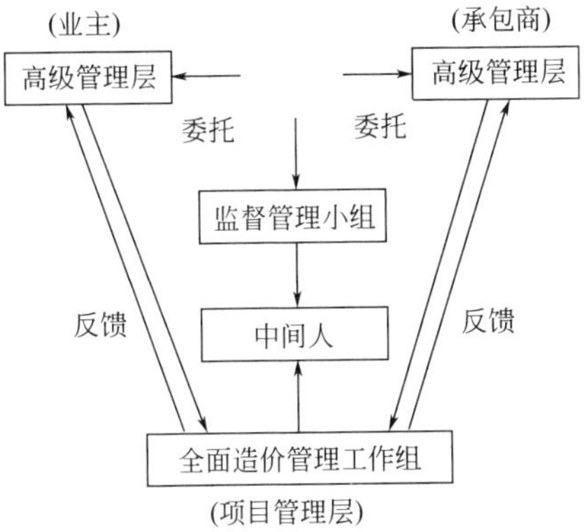

图 3-6　全面造价管理组织结构示意

键的作用。

③ 选定中间人后，在其主持下组建一套管理机构，即全面造价管理工作组，一般由项目各方的主要负责人及相关的各方面具体工作人员组成。主要负责人必须是能够全权代表自己一方的决策人；具体工作人员应具备合作精神，业务强，技术精。

④ 管理机构确立后，便要在中间人的主持和各方成员的参加下开展全面工作。全面日常工作主要包括：与机构人员面谈、进行人员培训、准备各种书面材料、举行各种工作会议。

⑤ 依据后续会议纪要开展造价管理日常工作，直至项目结束。这属于合作伙伴造价管理的日常工作范畴。召开造价管理后续工作会议和依据后续工作会议纪要继续开展造价管理日常工作，是一个周而复始进行的造价管理作业循环过程。

（3）应用 Partnering 模式管理工程造价能够给各方带来好处

① 应用 Partnering 模式给政府投资建设项目业主带来的好处。合作伙伴关系的最大受益者是政府投资建设项目的业主。采用这种管理方法可以使项目工程质量得以提高，从而使业主在项目的全生命周期中投入的维护和运营费用得以降低。而提前工期所带来的好处是可以大大减少业主在造价控制、财务管理、法律顾问等方面的支出。当然，业主获得的最直接和最主要的收益是工程项目造价的降低。

② 应用 Partnering 模式给项目承包商带来的好处。承包商的最大受益

之处是可以降低乃至消除在传统项目造价管理中所存在的各种无效作业与活动，从节约和增效两个方面获得好处。

③ 应用 Partnering 模式给项目设计单位带来的好处。设计单位的最大受益之处在于：通过全新伙伴关系的合作与有效的沟通，可以更好地理解业主提出的设计要求和承包商对设计方案的可施工性要求，正确而及时地做出技术选择和设计决策，避免了大量的重复设计和返工作业，以及许多不必要的设计现场服务工作。这将为设计单位节约大量的人力资源。对于设计单位这种主要依靠消耗人的智力性活劳动而盈利的企业而言，人力资源的节约将是最大的节约，将会在很大程度上提高设计单位的收益和盈利。

第4章 国内外政府建设项目投资管理模式的比较与分析

在我国社会主义建设发展过程中，政府投资建设项目的管理体制和管理方法在不断地进行改革完善。特别是改革开放以来，我国投资管理体制从宏观管理到微观运行的各个方面，在投资领域形成了以投资主体多元化、投资资金来源多渠道化、项目决策层次化、投资驱动利益化、投资方式多样化、投资方法科学化和在建设市场中引入市场竞争机制为特征的新局面。国家在加强政府投资建设项目的管理方面，吸收了不少国外的先进经验和科学方法，进行了一系列改革实践。比如在项目决策阶段，实行了可行性研究，加强了项目决策咨询、评估和论证；在项目建设实施阶段，推行了招标投标制、工程承包制、建设监理制、法人责任制、投资项目资本金制度等，对项目的设计、施工、资金、物资等各方面的管理也进行了改革。这些对于加强项目管理、提高投资效益，发挥了重要的作用。但是，我国政府投资建设项目管理模式来源于计划经济时期高度集中的管理模式，投资质量不高，腐败和浪费现象比较突出。特别是我国加入WTO后，政府投资建设项目管理方式的现状与社会主义市场经济体制的要求还很不相符，政府无法对项目总投资进行有力的控制，项目管理弱化，投资效益低下。近年来，建设领域不断揭露出的一些案件触目惊心，许多都与政府投资建设项目管理不规范密切相关。本章通过国内外政府建设项目投资管理模式的比较与分析，以及对发达国家和地区的政府投资建设项目的管理模式进行分析总结，从中得到部分启示。

4.1 我国传统政府建设项目投资管理模式分析

从我国政府投资建设项目的管理情况来看，招标投标制、建设监理制、项目法人负责制、工程合同管理制、工程质量负责制等机制正在政府投资建设项目管理领域逐步引入，投资主体多元化、投资方式多样化的格局也在逐步形成。但受传统管理思想和管理理念的影响，我国政府投资建设项目的投资、建设、管理、使用等环节分离，专业化管理的模式还没有完全实现，因此仍然存在许多不足和需要完善、改进的地方。

4.1.1 目前我国政府投资建设项目的管理模式

（1）工程指挥部型

在政府工程基本建设计划下达后，由政府有关部门牵头，从各相关部门中抽调人员，组建一个临时性的基建班子，统一指挥项目的实施，待基建任务完成后，基建班子解散，编制收回。这种模式的优点是协调力度大，有利于采纳各方面的意见，集中力量打“歼灭战”，较快地完成项目。其缺点是临时性太强，缺乏项目管理的程序和方法，往往会造成项目结束后有许多遗留问题难以解决，并且对项目存在的问题无法进行责任追究。这种管理模式有三大缺陷：一是临时组建的项目班子人员能力参差不齐，专业水平欠缺；二是项目班子都是临时组建的，工程结束就解散，业主难以实施有效监管，容易滋生腐败；三是组建临时班子，浪费了大量的人力、物力、财力。

（2）基建处型

部分行政部门由于建设项目较多，自己设有基建处，负责本单位工程项目建设的管理。这种模式存在以下弊端。

① 投资超概算现象层出不穷。由于“建、管、用”合一，容易使投资失控，“三超”现象大量存在。在政府投资工程中，所有者与使用者的利益是分离的，政府承担了投资风险，使用者为了单位和个人的利益，就有可能在工程建设中擅自扩大规模，提高建设标准，造成投资的大量浪费。

② 法规执行的透明度和公正性受到质疑。由于政府投资建设项目的业主是政府，作为行业或地方的主管机构和部门，可能既负责项目的组织实施，又行使建筑市场的监管，这无异于兼“运动员”与“裁判员”二任于一身，规则制定的公正性与规则执行的透明度将受到质疑。

（3）项目法人制型

按照国家相关规定，经营性建设项目必须组建项目法人，对项目的策划、资金筹措、建设实施、生产经营、债务偿还和资产的保值、增值，实行全过程负责。该方式将整个项目的建设前期准备、建设期、竣工验收移交等使用前的全部任务，通过一定的方式委托给符合项目建设要求的法人单位，由法人单位根据批准的建设规模、标准、投资组织实施，竣工验收合格后交付管理或使用单位。其缺点是由于建管一体，难以控制工程的投资规模和标准，项目实施完毕后投资经常超出概算，扰乱了政府的总体投资计划安排；另外还存在不能有效地引入市场竞争机制、提高效率等缺点。我国现行的项目法人制有两种模式：一种是由政府发起，吸引外来资本或民营资本共同组建，项目建成后由项目法人自主经营，自负盈亏，自担风险；另一种是各级政府为了完成一个项目并确保运营而采取的一种企业化运作形式，这些项目的法人往往是由政府某个部门为项目而专门组建，所有费用从项目管理费中列支，项目建成后的运营也依靠政府拨款解决。

（4）专业机构型

其方式是由政府的一个专门机构（如“统建办”）负责某一类或几类政府投资工程项目的实施管理工作，具有一定的专业性。

4.1.2　传统政府投资建设项目管理模式存在的问题

虽然目前我国正在进行政府投资建设项目管理模式的改革，但是改革不可能一蹴而就，而且改革也必然面临着许多新问题的出现。相对而言，目前我国政府投资建设项目管理模式还是不够先进，存在许多的问题。下面针对政府投资建设项目管理模式的四点主要内容，即管理理念、管理机构、管理方式和管理运行机制，对目前我国政府投资建设项目管理模式所存在的问题加以分析研究。

（1）政府投资建设项目管理理念

① 政府部门职能分散。对重大建设项目的审批权、收费权、融资权，以及对招标投标活动、中介组织和施工的监管权等方面，名义上有一个计划形式的协调机制，实际上都存在政府各部门职责界定不清的问题。

② 政府投资建设项目的监管水平和效率不高，呈现“只重投资，不重效益”的“粗放”特点。

③ 政府投资建设项目管理的透明度低，缺乏完善的举报系统，社会公众舆论没有发挥应有的监督作用。

（2）政府投资建设项目管理机构

从目前我国的政府投资建设项目管理模式来看，其管理主体较多，呈多元化现状。我国的政府投资建设接受发展和改革委员会、财政、审计、建委、国有资产管理、监察、纪委等部门，以及重大建设项目稽查特派员的监管。职能部门之间分散设置机构，相互交叉，多头管理。目前，我国政府投资建设项目管理机构的显著特征是分散管理。这种分散管理体现在两个方面：一方面体现为项目的审批、决策、管理等整个实施过程由不同的部门管理，它们在职能上有所交叉；另一方面体现为有很多专业职能部门也在其专业范围内具有一定的项目决策权力。这种分权设置的管理体系，导致了机构重叠、社会公共利益部门化；基于各部门利益而产生各部门之间的相互博弈，则导致了利益冲突和决策效率、质量低下；而且机构设置分散、职能交叉和多头管理直接增加政府投资管理组织结构的运行成本，使交易费用增加。

（3）政府投资建设项目管理方式

虽然我们在改革投融资体制上进行了一系列探索，取得了一定进展；在项目建设管理上，我国结合国内实际，并参照国际惯例，实行了项目审批制、法人责任制、招投标制、监理制及重大项目稽查制等，取得了一定的成绩和经验。但是，在市场经济日益发展、项目单位自主权日益扩大、利益机制逐步强化的今天，许多建设项目从立项审批到实施中的工程质量、资金使用和概算控制以及“五制”等方面均出现了不少问题。

发达国家政府投资建设项目的管理一般都采取政府采购制度，因此发达国家和地区政府投资项目的管理方式不仅受本国法律法规的制约，还要受到国际组织的制约。政府投资项目必须进行招标，有些还必须实行国际招标。我国虽然正式颁布实施了《中华人民共和国政府采购法》，但是尚未签署《政府采购协议》，所以政府投资建设项目的管理方式还有待改善。另外，我国对政府投资建设项目的质量安全管理，着重强调了建立责任制、加强监督检查等措施，但这种做法只能对已经发现的缺陷进行改正，不能从根本上避免缺陷的产生。

（4）政府投资建设项目管理机构的运行机制

① 我国缺少许多相应的立法。在我国，尽管已经有了相关法律、规章，但仍没有一个在项目管理专业和行业范围内的指导性实施准则，同时还缺少许多相应的立法，比如基本建设方面的专门立法、项目管理监理方面的立法、后评价方面的立法以及国有资产经营管理方面的专门立法等。此外，各级地方政府的有关法规除了不尽完善之外，现有的法规还存在相互抵触、混乱不清的现象。因此，“无法可依，有法不依，执法不严”的现象时有发生。法律、法规的不健全为权力腐败提供了“空间”。

② 对于政府投资建设项目的监督不力。目前我国投资的规模大，涉及的行业多，投资的领域宽，政府不仅投资公共领域和半公共领域，还涉足竞争性领域。而政府监管部门在数量和质量方面都难以跟上。国务院稽查办也实在不堪重负，同时，稽查特派员由于受到专业的限制，对超出其专业的问题不敢表态、深究，因此他们很难作到对政府工程建设进行全面的监管，这在一定程度上降低了稽查的实际效果，通常只对建设过程中的违规行为起到一定的震慑作用。

③不同政府投资建设项目管理机构之间责权划分不明确，部门之间配合不协调，责任落实不到位，缺乏相应的约束和制约机制，缺乏对项目全过程进行全方位的、统一、严密的监管，所以无法提高政府投资建设项目管理机构的管理水平和效益。

4.1.3 我国政府建设项目的投资审批程序

我国传统的审批制度是项目决策程序中的一个主要组成部分，包括以下阶段（图 4-1）。

（1）项目建议书及投资估算审批

项目建议书一般由当地发展和改革委员会审查。符合立项条件的，再由当地发展和改革委员会报当地政府批准。对特别重大的项目，还应当提请人民代表大会或其常务委员会审查批准。对经济、社会和环境有重大影响的项目，立项前还要广泛征求社会各界和公众的意见。

（2）可行性研究报告的审批

立项申请批准后，建设单位委托有相应资质的咨询机构进行项目的可行性研究并编制可行性研究报告。在可行性研究报告中，通过对建设项目在技术上和经济上是否合理可行，以及对环境影响进行全面分析论证，提出项目是否可行的论证结论。可行性研究报告完成后，最后由建设单位报政府计划主管部门审批。但也可以把可行性研究报告和项目建议书或开工报告一起报政府计划主管部门审批。

（3）初步设计及概算审批

可行性研究报告经批准后，建设单位才能委托有相应资质的设计单位，依照批准的可行性研究报告的要求，进行初步设计并编制项目总概算。初步设计由政府规划部门审批，项目总概算由政府计划主管部门负责审核批准，并作为项目总投资的依据。

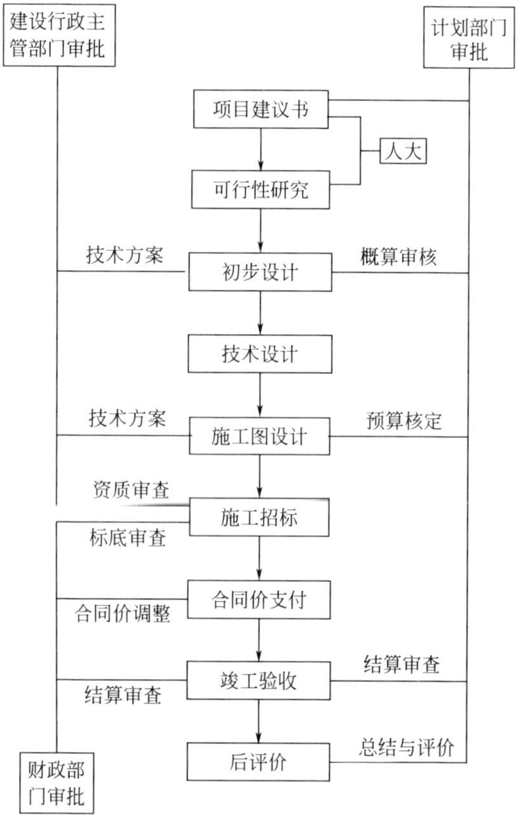

图 4-1　政府投资建设项目的审批程序

项目的初步设计获得批准，项目总概算核定以后，该项目就列入年度政府投资建设项目计划，最后由政府提请人民代表大会常务委员会审查批准。政府投资建设项目计划一经人大常委会批准即具有法律效力，必须严格执行，未经法定程序，任何单位和个人不得擅自变更。

（4）施工图设计及审批

政府投资建设项目计划批准后，由政府计划主管部门及时向各建设单位下达投资计划，并通知其行业主管部门。建设单位依照下达的投资计划和经批准的初步设计及项目总概算，委托设计单位进行施工图设计，并编制项目预算。

施工图设计由政府规定的部门审批，项目预算由政府投资审计机构审核，并报政府计划主管部门核定。

项目预算不得超过已批准的项目总投资。确需超过的，应由政府计划主管部门报相应的各级政府批准，但超过一定限额以上的，各级政府应当提请相应的各级人民代表大会常务委员会审查批准。

(5) 工程招标投标及标底的审查

在我国，标底是招投标活动中的一个重要因素。政府投资建设项目的标底一般特指施工招标阶段的标底。标底是指根据招标项目设计图纸、招标文件，参照国家规定的技术、经济标准定额及规范，确定的项目工程量与标底价。它既是建设单位的预期工程价格，又是招标程序的核心、审核投标报价的基准、评标和定标的重要依据。

标底由招标单位自行编制或委托经建设行政主管部门认定具有编制标底能力的工程造价咨询单位编制，编制出的标底必须保密，且一个工程只能编制一个标底。在我国，标底价以国家发布的预算定额、费用定额，以及工程造价管理部门发布的价格信息、已批准的设计概算、施工图纸、设计说明书、施工组织设计、招标文件和有关法律法规为编制依据。政府投资建设项目的标底须经财政部门指定的专门评审机构评审，通过评审后，方可招标。

(6) 项目施工过程中的资金拨付管理

政府财政部门根据年度政府投资建设项目计划，按工程建设进度分期拨付建设资金。政府投资建设项目一般实行建设监理制，并由监理单位负责施工过程中的合同价款的支付。监理工程师按照合同要求处理由于工程变更和索赔引起的合同价款调整问题，并按期向业主或项目法人提供合同价款支付报告，然后由业主或项目法人报财政部门审批，最后由财政部门提供结算资金。

(7) 项目竣工验收的审查

竣工结算审查是竣工验收阶段的一项重要工作。经审查核定的工程竣工结算是核定建设项目造价的依据，也是政府投资建设项目验收后编制财务决算和核定新增固定资产价值的依据。政府计划主管部门和财政部门，均要委托有相应资质的单位或审计部门对竣工结算进行审查。

竣工结算审查的主要内容包括核对合同条款、检查隐蔽验收记录、落实设计变更签证、核实工程量、定额单价的套用、各项费用计取等。

(8) 财务决算及后评价

财务决算就是对项目财务指标的核算。包括固定资产、无形资产、递延资产和其他资产的核算。而项目后评价是指对已经完成的项目的目的、执行过程、效益、作用和影响所进行的系统的、客观的分析。通过项目活动实践的检查总结，确定项目预期的目标是否实现，项目或规划是否合理有效，项目的主要效益指标是否实现；通过分析评价找出成败的原因，总结经验教训；并通过及时有效的信息反馈，对未来新项目的决策和提高完善投资决策管理水平提出建议，同时也对后评价项目实施运营中出现的问题提出改进建议，从而达到提高投资效益的目的。

财务决算一般进行财务审计，由审计部门依照有关法律、法规对项目财务进行审查。包括财务报表审计、符合性审计和绩效审计。后评价是对整个项目投资活动的总结与评价，由发展和改革委员会负责。

4.1.4 我国政府投资建设项目投资的确定与控制

由于政府投资建设项目建设期长、消耗物质大、价格变动幅度广，政府建设项目一开始只能设置一个大致的投资控制目标。随着工程的不断深入，投资控制目标才能逐渐清晰、准确。我国政府投资建设项目的投资控制是按照决策、设计、招投标、施工等阶段进行全过程的、动态的控制管理。投资控制目标也是分阶段设置的，即决策阶段的投资估算、设计阶段的概预算、招投标阶段的合同价和施工阶段的结算价。这四个控制目标相互制约、相互补充，前者控制后者，后者补充前者，共同组成我国政府投资建设项目投资控制的目标系统。

4.1.5 我国政府投资建设项目投资控制的特点

我国政府投资建设项目具有以下三个主要特点。

① “静态控制，动态管理”，即将决策阶段的投资估算作为静态投资额，用静态投资额来控制整个项目的投资，然后在建设项目投资过程中实行动态管理。在实际应用中，目前政府投资建设项目的投资控制提倡采用工程量清单与工程单价指标来控制投资。

② 我国政府投资建设项目的审批制度贯穿项目建设程序的全过程，涉及的管理部门多，手续繁杂。

③ 我国政府投资建设项目一直以来不太注重投资的控制。以前，有些地方政府片面追求形象工程、政绩工程、标志性工程，要求大力赶超工期，直接导致投资大量增加，质量安全事故频出。近年来，政府投资建设项目才对质量、安全、工期加大控制力度，但是投资还是没有得到足够的重视。

4.2 国内部分试点地区政府投资建设项目管理改革现实

2002年，住房和城乡建设部在太原召开的“政府投资工程改革研究讨论会”上提出：计划经济时期遗留下来的政府投资建设项目管理模式已不能适应工程建设和市场经济发展的需要，改革现行的政府投资建设项目管理方式势在必行，特别是要改革目前普遍实行的项目使用单位自建自用的、非专业、高度分散的政府投资建设项目管理方式。

目前，我国许多城市已经意识到对现行基础设施建设管理方式进行改革的必要性和紧迫性。深圳、上海、重庆等地区率先进行了改革，在借鉴发达国家和地区基础设施建设管理通行做法的基础上，结合我国国情，积极探索建立符合社会主义市场经济体制要求的基础设施建设管理方式，已取得了可喜的成效。这些地区的具体做法不尽相同，但改革的指导思想却是基本一致的，即按照“投资、建设、监管、使用”分离和“专业化管理”的原则，对基础设施项目的建设实行相对集中的专业化管理，建立权责明确、制约有效、科学规范的基础设施建设管理体制和运行机制，提高投资效益和建设管理水平。这些有益的尝试为我国基础设施建设管理的改革，以及代建制度的建立和完善带来了重要的启示。

4.2.1 深圳市政府投资建设项目管理情况

深圳市作为我国改革开放的前沿和经济特区，借鉴了我国香港特区的做法，在政府投资建设项目管理模式的探索和变革方面已取得了较大的成绩，并形成了具有自身特点的管理模式。

(1) 项目管理体制

深圳政府投资项目在决策、管理过程中，实行A、B、C分类管理制，其管理原则是“相对集中，区别对待”。除特殊或有技术要求的行业，如水利、体育、卫生等部门可继续管理有关的政府投资项目外，其余项目全部统一集中由专业部门进行管理。专业部门因长期从事政府投资项目建设工作，一般具有丰富的项目建设管理经验。政府在每一计划年度内至少两次向市人民代表大会或者市人民代表大会常务委员会报告政府投资建设项目计划的执行情况。计划主管部门负责监督检查政府投资建设项目计划的执行，并向市政府和市人民代表大会有关专门委员会报告计划的执行情况，市人大常委会成立专责小组监督政府投资项目。政府投资的重大建设项目，可以任命稽查特派员对项目进行监督。

（2）项目管理主体

深圳市政府于2002年成立了建筑工务局，该局为正局级事业制单位，由市政府直接管理，代表政府行使业主权力，负责对政府投资建设项目进行管理。建筑工务局共有五个内设机构：办公室、建筑工程处、综合计划处、给排水工程处、市政工程处。其主要工作职责如下。

① 参与或主持有关项目的前期工作。

② 参与制订政府投资建设项目中长期建设规划和年度建设计划。

③ 根据市投资主管部门下达的政府投资建设项目计划，按照基本建设程序开展项目建设前的各项准备工作，包括用地、环评、规划手续的业务文件办理和报批。

④ 负责项目施工全过程中的有关协调和监管，以及各项工程技术工作。

⑤ 组织项目的财务监督审计相关工作，做好项目投入使用前的试运行有关工作，并组织开展项目建成后的评价和验收工作。

根据投资规模和所处行业等情况，派出建设项目组或项目主任，不介入招投标等工作，只负责具体项目管理。对于较为复杂和规模较大的项目，建筑工务局可以派出项目组，项目组主任和组成人员由各处提名，由局长办公会讨论决定。

（3）项目的监督

对于政府投资建设项目集中管理，如果监督不到位，有可能出现比分散管理模式更大的腐败，为了避免这种风险，建筑工务局主要采用以下办法来对项目实施进行监督。

① 决策权和执行权分离。根据项目规模大小，分别派出项目组或项目主任。项目组负责落实细节；项目主任对项目的质量、资金、进度负责；项目实施过程中的关键环节由项目组拿出具体方案，由招标委员会集体审查。这样，关键环节和具体过程分属两个角色管理，形成互相制约又互相协作的关系，保证了专业分工，明确了工作任务。

② 内部制约。建筑工务局处室分工比较明确，形成了相互制约的关系。项目实施过程中的几个关键环节，如招标、监理、质量控制、资金支付、进度验收的管理分属不同部门，这就形成了既分工配合，又互相制衡的关系。

③ 外部监督。建设部门和纪检监察部门对项目实施过程进行跟踪监督，尤其加强了对项目招标、投标工作的监督。纪检监察部门在投标资格预审和

评标时，实行现场全过程监督，保障招投标在公开、公平、公正的环境中进行。项目资金实行财政统一支付，接受财政部门监督，作为项目业主，建筑工务局只负责认定工程完成量。施工单位填写申请，监理单位签字后，建筑工务局对工程量的完成情况进行初步审核确认，报经市财政局审核同意后，按照规定和合同条款约定的比例将资金直接拨付到施工单位账户。

（4）项目的资金保障

深圳市在资金保障措施方面，提出了高效投资与拓宽融资相结合，提高投融资效率的几个方针，具体内容如下。

① 保障项目资金供给，加强执行政府投资完成情况月报制度，及时掌握项目进度，及早统筹安排资金，为项目资金供给提供最大保障。在严格按照项目进度安排建设资金的同时，通过调整计划和预安排计划解决重点项目或应急项目的资金保障。

② 挖掘资金供给潜力，充分调动历年沉淀资金及财政间歇资金，根据项目实际进度需求统筹调剂资金，突出调控重点、节奏和力度，科学调整项目年度投资计划，提高政府资金调度效率，确保满足政府投资建设项目的建设资金需求。

③ 拓宽项目融资渠道。创新投融资体制改革，探索多元资金供给方式，进一步提高政府投资杠杆效应，积极组建投融资平台，化解财政性资金供给压力，形成多元投资格局。

（5）项目的审计监督

深圳市专门设立了副局级建制的政府投资审计专业局，出台了相关的管理办法，负责政府投资建设项目预算的执行情况和决算，以及与项目直接有关的勘察、设计、采购、供货、建设、施工、监理等单位财务收支的审计监督；审计监督政府投资建设项目工程招投标和国有资产移交；组织专项审计或审计调查，以及委托审计项目招投标和对委托审计项目的管理等。2012年6月重新修正的《深圳经济特区政府投资项目审计监督条例》规定，审计机关在项目开工前，对其前期准备工作和资金使用情况、项目建设程序，以及工程概预算的合法性、真实性和效益性进行审计监督。

4.2.2　珠海市政府投资建设项目管理改革情况调查

作为改革开放前沿的珠海市，曾经创造过很多成功的先例，并在全国推广。面对政府投资建设项目出现的弊病，在考察了我国香港特区和国外一些国家的政府投资建设项目的成功经验后，按照政府投资建设项目“投资、建设、管理、使用”分开及专业化管理的思路，珠海市于2002年2月成立了政府投资建设工程管理中心，简称“建管中心”，负责政府投资的市政工程和其他重要公共工程的建设管理，并代表政府行使业主职能。建管中心作为统一管理政府投资非盈利性工程的独立机构，对所有项目从立项、招投标到移交，整个过程实行“一条龙”监管和专业化管理，严密跟踪资金去向、投资效益和工程进度。

4.2.2.1 珠海市政府投资建设项目管理的特点

（1）实施法制化管理

为了从严格的立法程序上重建政府信誉，杜绝行政领导的“政绩工程”和严重损害政府形象的欠债工程，保障改革的顺利进行，珠海市人大常委会在经过详细的立法调研后，先后制定了一系列规范政府投资建设项目管理的行政规范和内部管理制度，把珠海市建管机构的职责、权利、义务和要执行的规定以法律的形式明确下来，使政府投资建设项目管理做到有法可依，为珠海市政府投资建设项目管理纳入法制化轨道提供了坚实的基础，为深化改革提供了保障。

（2）实行风险包干和无现场签证制度

投标企业在拿到标底后，根据各自实力、施工经验以及对现场和周边环境的考察，结合对招标文件的理解，进行综合投标报价，中标后签订合同，包死造价，对风险范围内的造价，竣工结算时不再调整，实行无现场签证。除因甲方原因或勘察成果与实际地质状况出现重大偏差而导致工程量增加，需按程序、权限另行调整外，其他一律不予签证。风险包干的核心是强化对招标文件和合同的管理，明确、强调签约各方的权利、义务的对等性，以合同的法律形式规范各方行为，这从根本上杜绝了施工单位低价中标、施工中漫天要价、结算时严重超标的现象，同时又堵塞了现场管理人员自由裁量可能产生腐败的源头。

（3）实行全方位、全过程招标制，把牢工程发包关

建管中心负责的所有工程，无论规模大小、投资多少，从方案设计开始，到勘察、监理、施工各个环节，均在有形建筑市场面向全社会公开招标，并实行明标制，通过互联网和当地的主流媒体公布与工程有关的各种信息，使每个有意参与招标的企业都能同步得到等量的信息，杜绝暗箱操作。

（4）实行“项目主管责任制”

项目主管在项目的计划安排、组织协调、投资控制和工程质量、安全等方面负直接的责任。项目主管的职责是协调各个不同性质的服务单位之间，不同职能的部门之间的关系，并有效地利用中介机构的力量。建管中心的总工室、综合科等职能部门只对工程的一系列环节进行严格审核，既不代替和过多干预专业化工程公司的项目管理，又不放弃对项目的监督和控制。

（5）严把方案设计，牢牢控制建设规模和建设标准

使用单位提出建设规模和标准的建议和依据，确定科学的投资控制目标，政府部门和建设单位共同把关，决不能任由使用单位说了算，避免了因单位之间互相攀比而导致的资源浪费。

（6）建立起了高效率的网络化办公系统

建管中心开发的基建管理软件将所有工程的招投标、合同、进度、计划、预结算、资金拨付、工程档案等核心工作联合成一个网上办公系统，建立了一个完整、有效的城市建设档案及政府投资建设项目数据库，参建项目的各个单位可以随时随地按照各自不同的权限在网上进行相关工程项目的交流和管理。

4.2.2.2　珠海市政府投资建设项目的投资控制和监督机制

建管中心完全按照“估算控制概算，概算控制预算，预算控制结算”的要求，严格控制项目预算，确保计划的权威性。如因实际情况确需突破预算，则一定要经过发展计划局、财政局等部门共同确认批准，超过一定金额的变更要经过市政府甚至市人大的批准。从根本上杜绝了擅自扩大建设规模、提高建设标准、先斩后奏的现象。

建管中心全面推出了“风险包干”和无现场签证的管理模式。建管中心在编制标底时尽可能考虑到各种风险因素，除非因甲方原因或勘察结果与实际地质状况出现重大偏差导致工程量增加，需按程序、权限调整超出的部分外，其他一律不予签证。实行“风险包干”，使建设单位牢牢控制了工程造价的主动权。

在监督方面，首先推行工程项目联审，把好建设项目入口关。即所有进入建管中心的建设项目，必须得到发展计划局、财政局、建设局和委托建设（使用）单位的共同认可，有完善的手续，确保资金落实后才能进行。在项目建设过程中，由于甲方的责任和不可抗力因素，不得不进行项目变更时，也必须按《珠海经济特区政府投资项目管理条例》规定的程序执行。其次，实行“拨款直通车”制度，即由发展计划局审批项目的概算，建管中心根据

招标文件、项目合同，以及工程进度情况、投资规模和概算做出项目预算。预算经财政部门审批后，施工单位的工程款由财政部门直接拨付给施工单位。建管中心从头到尾不接触工程款，做到有审批权的不管钱，有管理权的又碰不到钱，管钱的又不管建设，从根本上铲除了滋生腐败的土壤。再次，建管中心还主动接受社会的监督，主动与检察院、监察局联系，将管理的项目名单交给对方，在重点项目中请对方在建设过程中同步预防。同时，还与珠海市检察院职务犯罪预防科结成共同预防职务犯罪的对子，使警示教育成为建管中心的必备课。

4.2.3 厦门市政府投资建设项目管理情况介绍

厦门市政府于2002年3月印发了《厦门市市级财政性投融资社会事业建设项目代建管理试行办法》，规定土建投资总额1500万元以上的市级财政性投融资建设的社会公益性工程项目要实施项目代建制度，即项目业主在项目获准后，将整个建设项目的前期准备、实施、竣工验收，以及项目建设工程、质量、投资控制等全部工作任务委托给具有相应代建资质的单位进行建设管理。代建单位代业主履行工程建设管理职责，包括选择勘察、设计、施工、监理企业，并签订工程合同。对代建单位经济上的奖惩办法是：投资有节余的，可在工程节余款的5%以内给代建单位予以奖励；突破投资的，代建单位要支付投资突破数额的2%作为罚金。

(1) 项目代建制工作的监督和管理

① 厦门市计划行政主管部门负责项目立项阶段的监督管理；建设行政主管部门负责项目建设实施阶段的代建监督管理；市重点工程办公室具体负责对代建行为进行协调和指导。同时充分发挥有关职能部门的作用，财政、审计等有关部门按职责分工参与代建活动的监督管理。

② 市计划部门在项目立项或可行性研究报告批复时，核准项目是否代建。

③ 厦门市代建管理招投标活动的监督管理，必须遵照《厦门市市级财政性投融资社会事业建设项目代建管理试行办法》执行。招标人和中标人按照招标文件和投标文件签订书面代建服务合同。市招标办对合同的履约情况实施跟踪考核管理。

④ 代建费来源于工程概算中的建设单位管理费。代建费原则上不得随工程造价的变化而变化，如确实因业主单位原因造成设计重大变更、增加代

建内容的，项目业主应向代建单位支付补偿款，并报市计划、财政行政主管部门批准。

⑤ 有上下隶属关系的两个法人不得同时承担一个项目的代建、设计、监理和施工。禁止负有工程建设监管职责的有关部门及其工作人员直接参与工程建设实施活动，或违法干预代建单位的正常活动。

⑥ 代建单位不得挪用代建项目的建设资金，也不得与其他项目混合使用建设资金，不得将建设资金从项目资金专户转到企业其他账户或用于项目以外的开支。

（2）实施代建制度的主要经验

① 对政府投资建设项目进行专业化的相对集中管理。厦门市选择了一批实力强、信誉好，且专业性比较强的单位作为代建单位，通过相对集中的管理，改变了以往政府投资建设项目管理分散性、临时性的状况，消除了机构临时拼凑、人员不稳定、业务不熟悉、管理不到位等诸多弊端，提高了建设管理水平。

② 明确政府投资建设项目各方主体的权利和义务。实行代建制，业主单位和代建单位通过签订《代建管理合同》，理顺和明确了政府投资建设项目中各参与方的责、权、利，有效地促使各方主体更好地履行各自的职责。同时也在一定程度上实现了“投、建、管、用”相分离，减少了资源浪费。

③ 规范政府监管者的身份。实行代建制，使政府投资建设项目的“建设、监管”实现了分离。政府从项目的具体实施者变成了真正对项目实施监督的监管者，使工程项目的监管得到加强。这样既有利于强化监督执法，规范建筑市场，又有利于加强廉政建设，减少了政府投资建设项目的腐败行为和监管不力的现象。

④ 发挥代建单位的专业优势，落实责任制。参与代建的专业公司通过运用专业手段，有效地保证了工程质量和进度，并对工程的成本和投资进行了有效的控制。对于实施代建制的项目，业主单位和代建单位要通过签订合同来确定双方的责任。由于责任相对明确，避免了过去那种临时机构撤销后，对项目出现的质量、安全等问题无人负责的状况，促使各方主体更好地履行各自的职责。

4.2.4　上海市政府投资建设项目管理改革分析

上海市从2002年3月开始，进行政府投资建设项目的代建制试点工作。

上海市新的政府投资建设项目管理模式采用“政府—政府所属投资公司—工程管理公司”三级管理模式，实现了政府投资职能、投资管理职能、工程管理职能的分离。同时政府、投资公司、工程管理公司的权责一致，它们均在界定的职责范围内行使权力、履行责任，通过调整政府管理职能，明确政府投资主体，形成工程管理市场，建立“决策科学化、主体多元化、管理专业化、行为规范化”的政府投资建设项目管理方式和运行机制。

4.2.4.1 上海市政府投资建设项目管理改革概况

上海市建设交通系统在改革试点期间重点做了以下三个方面的工作。

① 调整政府投资管理职能。将一批政府部门包括水务局、市政局、绿化局、环卫局、交通局、住宅局的有关投资管理的职能移交政府性投资公司。

② 完善政府性投资公司的职能。政府对非盈利性项目建设的管理，主要通过投资公司和社会中介组织（工程管理公司）行使。受政府委托的投资公司、受投资公司委托的工程管理公司，均在界定的职责范围内行使权力、履行职责，不受其他单位的干预。

③ 培育与发展一批工程管理公司。上海市在改革中主动采取措施，培育了多个工程管理公司，将政府投资工程的业主职能和工程管理进行了适当的分离。有利于形成开放与竞争的格局，以及由第三方代表政府行使职能的独立平行的监管体系，有利于形成工程管理市场，提高专业化水平。

4.2.4.2 上海市政府投资建设项目代建制中相关各方的职责

（1）政府主管部门

政府主管部门的职责主要是投资决策、市场选择和监管评估。具体是指负责审批项目建议书、可行性研究报告，审查确定设计方案，审批工程预算和正式开工计划等；通过公开招标方式确定工程管理公司；安排项目年度投资计划并协调财政部；按工程进度拨付建设资金；监督工程管理公司履行合同；组织工程的竣工验收和移交。

（2）政府所属投资公司

政府所属投资公司则被赋予更大的责任，具有独立的投资主体地位，主要任务是对项目投资与还贷、设施经营进行全过程管理。具体包括：项目前期工作，组织编制项目可行性研究报告、初步设计，并报政府审批；确定项目投融资方式及项目管理方式；采用公开招标方式选择工程管理公司或总承包公司，并确定财务监理公司；在项目实施中进行监督和控制；竣工验收时根据有关规定进行项目内部审计；初审项目财务决算；组织单项工程验收。除此之外还有资产管理和运作方面的职能。

（3）工程管理公司

工程管理公司是项目的建设管理主体，在政府委托的职责范围内对项目建设进行全方位、全权制、全责制的管理。工程管理公司对政府负责，作为建设方，利用自己的专业技术力量和丰富的管理经验，在项目策划、方案设计、前期准备、工程预算、施工单位的招标选定，以及材料设备的采购等整个建设过程中，对项目的投资、质量和工期进行专业化控制与管理，确保项目建设按合同目标顺利实现；负责对建设资金进行管理，保证建设资金专款专用，并接受政府有关部门的审查和监督。工程管理公司作为独立的项目法人，依法行使法人职权，承担法律和经济责任。

（4）使用单位

使用单位负责根据本单位的实际需要及发展规划，提出项目建议书；在项目方案设计阶段提出项目的具体使用条件、建筑物的功能要求，以及有关专业、技术对建筑物的具体要求和指标；在建设过程中（包括项目的设计、施工、设备材料采购等）提出意见和建议，并监督代建单位的行为；参与工程验收，负责接收竣工建筑物及其使用和维护。

4.2.4.3　决策模式

上海市以地方政府投融资管理领导小组作为政府投融资管理的决策层，决策地方政府投融资工作中的重大事项，确定地方政府所融资金的投资方向和投资方案。由经济、投资、财务、工程等方面专家组成的地方政府投融资咨询委员会，作为决策层的智囊团，主要根据全球和全国的经济形势，立足于本地区的经济社会发展，为决策层政府提供投融资决策的意见和建议，使投资决策真正做到科学化和民主化，杜绝地方政府项目决策出现“一言堂”和“首长工程”的现象。对于专业技术较强的重大项目，引入专业评估制度，即委托专业技术水平过硬的第三方工程咨询机构，对项目的可行性撰写研究评估报告，并邀请相关行业的专家对投资项目进行评审，多管齐下防范投资风险。对于涉及人民群众利益和地区经济社会发展的重大建设项目，项目决策过程必须公开透明，必须通过听证会、公示等形式充分协商，并广泛征求意见和建议，全面接受人民群众的监督。

4.2.4.4 监管模式

上海现行的政府投资项目监管模式是一种将政府职能部门监管、社会监管、项目建设单位内部监管三个层次相结合的监管模式。相继制定和颁布了政府投资重大项目稽查办法（主要负责对市级重点项目建设的全过程稽查，并按照相关规定做出稽查处理；对市级建设财力超投资项目，稽查后方可调整投资概算及实施方案）、后评价的工作方案、财政性建设项目工程造价咨询（审核）定点服务机构考核的办法、加强政府投资工程建设项目定点服务机构监督管理工作的指导意见等一系列规章制度，为政府投资建设项目监管工作的开展创建了良好的制度环境和操作准则。

4.2.5 广州市的政府投资建设项目管理

（1）管理模式

① 代建制。按照有关规定，由市政府设立投资项目建设机构，或者实行代建制委托代建单位，负责政府投资建设项目的组织和建设管理。

② 立项审批。广州市发展和改革委员会是本市的投资主管部门，负责编制政府年度投资项目计划，负责项目建议书和可行性研究报告的审查、审批，以及项目综合管理工作。市财政部门负责监督本市投资项目的财政资金使用情况。

③ 部门联合。规划、环保、水务、国土、建设、监察、审计等相关行政管理部门在各自职责范围内履行政府投资项目的行政监督管理工作。市财政部门组织对投资项目概算、预算、结算的财政投资评审，项目最高限价评审结果作为项目招标和政府采购的参考依据；项目结算评审意见作为项目工程款总额的拨付依据。市财政部门负责组织对投资项目的绩效评价；投资主管部门负责组织重大投资项目的后评价。广州市政府对政府投资项目制订了十分清晰的年度投资项目计划审批程序，明确规定了各个审批流程的分管部门，比较严格。值得注意的是，在政府投资项目管理办法中，当经批准的可行性研究投资估算与初步设计概算的差异超过10%，或者建设单位、建设地点发生变更，或者建设规模、工艺技术方案发生重大变更时，建设单位应当重新编制并报批项目可行性研究报告。

（2）监督模式

① 成立重大项目稽查部门。广州于2011年3月1日起施行《广州市政

府投资项目审计办法》，同时成立市重大项目稽查部门，有计划地对重点项目进行专项审计和跟踪审计；特别强调政府部门领导人强令或者授意有关部门违反政府投资项目建设程序，或者违法干预政府投资项目决策的，应当依法追究行政责任；规定了市审计机关可以依法对投资项目进行审计监督，审计结果应当作为投资项目价款结算的依据。

② 多部门联合监督。广州市人大常委会可以听取和审议市人民政府的专项工作报告，并依法对政府年度投资项目计划的执行情况进行检查和组织特定问题调查。市投资主管部门应当向市人民代表大会财政经济委员会报送重大投资项目的信息。各行政主管部门向市投资主管部门和统计部门报送本部门的投资项目信息。建设单位应当将投资项目执行过程中的有关信息和情况及时向其行政主管部门报送。

4.2.6 惠州市的政府投资建设项目管理情况

（1）管理模式

惠州市政府在投资项目管理中主要落实项目法人制、招标投标制、工程质量终身责任制、合同管理制和工程监理制，除此之外，政府投资建设项目还实行履约担保制度。勘察、设计、监理、施工和特许建设投资人等各参建单位均应当提交履约保证金或银行开具的履约保函，并由同级财政部门收缴后，各参建合同才能生效。惠州市还制定了《惠州市建设工程设计变更及现场签证管理办法》，规定100万元以下的设计变更和现场签证要由联席会议讨论通过才能进行，100万元以上的，则要由市委常委会讨论通过。有效扼制了设计变更和现场签证的随意性，以及由此引起的超规模、超预算行为。

（2）规划定项目

惠州市政府投资建设项目中长期建设规划要按5年一个规划期，同时根据国民经济和社会发展结合中长期发展规划纲要，及有关规划的编制和修编，每2～3年滚动修编一次。在每个年度的政府投资项目计划中，不但充分强调了对投资资金的要求，而且明确要求发展和改革部门应首先对本年度政府投资项目计划的执行情况及计划外情况进行总结，并报送有关部门。

（3）项目审批模式

惠州市政府投资建设项目的审批流程依次是：项目建议书→可行性研究报告→初步设计审批→项目总投资概算审批→施工图设计审查备案→预算→施工招标和验收结算→决算审核。项目建议书、可行性研究报告和项目总投资概算的审批由发展和改革部门负责审批；初步设计和施工图设计审查备案由建设行政主管部门或政府指定的行业主管部门负责，并出具初步设计审查意见和施工图设计审查备案批复；项目预算和结算、竣工财务决算的审核由财政部门负责，分别出具工程预算审核书、工程结算审核书和批准文件。项目主管部门于每年 11 月底前向发展和改革部门、财政部门报送本部门下一年度的政府投资建设项目建设计划和投资预算计划。发展和改革部门会同财政部门，根据政府投资建设项目的中长期建设规划，以及项目建设的轻重缓急对各部门申报的年度政府投资建设项目建设计划进行筛选和审核，编制完成本级政府下一年度政府投资建设项目的计划和预算规模，在征求规划、国土、住建等部门意见后，于每年 12 月底前报本级政府常务会议讨论通过，并报经本级人大会议批准实施。发展和改革部门在编制下一年度政府投资建设项目计划时，应首先对本年度政府投资建设项目计划的执行情况及计划外情况进行总结。年度政府投资建设项目计划外的项目上报政府审定时，必须按规定编制并提交项目建议书；建设项目虽经政府同意，但未确定建设规模和总投资控制额的，必须报政府确定建设规模和总投资控制额。政府在审定年度计划外的项目前，应先送发展和改革部门、财政部门及相关部门审查。另外，年度政府投资建设项目计划的内容，充分强调了对投资资金的要求。

(4) 监督模式

惠州市相继出台了《惠州市重大工程预防腐败暂行规则》《惠州市市属财政性基本建设项目审计实施办法》《惠州市重大工程项目全程跟踪审计操作办法》，建立了重大工程预防腐败联席会议制度，规定对重大工程项目的前期准备阶段、建设实施阶段以及竣工决算阶段进行全程审计监督。同时，为了随时掌握重大工程的相关情况，惠州市建设行政主管部门将重大工程的立项、招投标、造价、进度、质量监督、资金调拨、结算、审计等方面的信息建立数据库，与联席会议办公室联网。在对已竣工的重大政府投资建设项目进行后评价的基础上，发展和改革部门还会会同财政、审计等有关部门对已竣工的重大政府投资建设项目进行后评价，考核项目的投资效益。

4.2.7 改革探索的总结

(1) 改革的经验总结

上述地区的改革模式可以粗略地分为两种类型：一种是政府设立专门机构，隶属公务员序列或事业单位编制，比如深圳、珠海等地，这种模式以深圳市建设工务局最具代表性；另一种是培育专业化的项目管理公司，政府委托管理公司对政府投资建设项目实施社会化、专业化的管理，比如上海、厦门等地，这种模式以上海市政府投资公司为代表。

其中以深圳市为代表的绝大多数地区，在改革中基本上借鉴的是我国香港特区的模式，将政府投资建设项目的业主职能和工程管理职能都赋予了同一机构。这样虽然能较好地解决原有政府投资建设项目管理中各自为政、专业性不强等问题，但却无法真正实现“投、建、管”的分离，政府行政权力对工程项目管理实施的干预依然存在。同时也容易产生集中腐败的现象。另外，我国香港特区的政府投资建设项目管理也并非尽善尽美。首先，管理机构过于庞大，人员过多，负责政府投资建设项目管理的人员多达上万人；其次，各种办事手续烦琐复杂，审批时间过长。

而上海市在改革中借鉴了国外一些先进的工程建设管理模式，主动采取措施，培育多个工程管理公司，将政府投资建设项目的业主职能和工程管理职能进行了适当的分离，形成了开放与竞争的格局，以及由第三方代表政府行政职能的独立平行的监管体系，以利于形成工程管理市场，提高专业化水平。这样虽然能较好地实现“投资与建设”的分离，但却在现有的工程管理市场、资金支付体系，以及投资项目的决策和评估体系等方面存在众多有待协调完善的地方。同时，由于我国特殊的国情所限，目前我国的政府投资建设项目所占比例明显偏高，导致政府支配的资源量过大，必须投入大量的精力对工程项目进行管理，无法有效实现政府职能从“微观、直接管理”向“宏观、间接管理”的转变。

相比较而言，这两种模式通过实施集中式管理，避免了机构重复设置的问题；实施专业化管理，解决了外行管理内行的问题；资金由财政部门直接拨付给施工单位，减少了财政资金的周转环节；健全了监督制约机制，有效地遏制了政府投资建设项目的“三超”现象。设立政府专门机构的管理模式没有从根本上解决政府在工程管理中角色混淆的问题，无论是政府机关还是事业单位，都不同程度地履行部分政府监管职责；而社会化的专业机构模式更加注重政府对政府投资建设项目间接管理的原则和运作管理市场化的原则，更加符合市场经济发展的要求。

（2）改革的亮点

这些地区的具体做法不尽相同，但改革的指导思想却是基本一致的，即按照“投资、建设、监管、使用”分离和专业化管理的原则，对基础设施项目的建设实行相对集中的专业化管理，建立权责明确、制约有效、科学规范的基础设施建设管理体制和运行机制，提高投资效益和建设管理水平。这些有益的尝试为我国基础设施建设管理的改革，以及代建制度的建立和完善带来了重要的启示。

4.3 发达国家和地区政府投资建设项目管理模式的特征分析

发达国家和地区一般将工程项目区分为政府工程和私人工程两大类，并采取不同的管理方式。对私人投资的工程项目，政府主要是进行规划、安全、技术标准、建设程序、环保、消防等方面的控制，只要不违法，一般不加干预。政府管理的重点是政府投资的工程项目，也就是公共预算建设项目。政府投资工程项目一般又分为经营性投资项目和非经营性投资项目。经营性投资项目在营运后有盈利保证，一般都完全按私人工程的方式操作；而非经营性投资项目一般由专业化的政府部门直接管理，但工程管理部门在项目的实施中，只行使业主职能，不具有政府的管理职能，其工程的运作依然要遵循一般工程的运作模式。

4.3.1 美国政府投资建设项目的管理情况

美国政府投资建设项目的造价管理模式是完全的自由式。美国在政府投资建设项目的造价方面对于法规编制、行业监管乃至有关信息价格的发布都是直接委托咨询公司、中介公司。价格指数不由美国政府统一颁布，而由每个州政府自行颁布参考信息价格来指导政府投资建设项目的造价管理。每个州政府颁布的概预算一经批准便具有法律效应，因此不允许工程实施过程中超出已批准的概预算。

在美国的法律中，各州政府拥有极高的自主权力。美国各州政府拥有自主投资工程项目的权力，包括城市的具体规划、水利工程建设以及交通基础设施建设等方方面面，这些工程项目都可以由各个联邦政府自主地去投资兴建。美国各州政府主要的服务对象是各州的人民，在政府主导下的工程项目也主要是一些惠民工程。一方面，美国各州政府对于政府投资建设项目的造价管理通常会通过对外招标的形式进行，选取实力最为雄厚的公司企业来进行工程项目的建设；另一方面，一旦涉及诸如军事机密、国防战略布署等项目时，必须要由联邦最高权力自购审批，从而确定具体的工程项目有具体的负责单位完成。

美国联邦政府投资建设项目的涉及面较广，主要包括住宅及城市规划、农业设施、水利设施、军事及国防设施、交通设施等方面。负责实施联邦政府投资建设项目的部门有住宅与城市建设部、交通部、垦务局、美国工兵部队、总务管理局等。各个州的决策程序不尽相同，但仍然遵循相对集中的专业化管理原则，一般均需经过同级财政部门和议会批准后方可得到财政拨款。美国对于政府投资建设项目的管理分为自行管理、部分自行管理和全部委托监理公司管理三种主要形式。

联邦政府或地方政府投资兴建工程，当政府的有关部门有较强的管理能力时，工程建设管理全部由政府部门负责。政府管理者除了通过招标挑选总承包商外，还可以直接挑选分包商。当工程建设规模较大，或政府管理力量不足时，政府管理当局就会聘请部分监理工程师与政府管理人员共同管理工程。当政府有关部门没有相应的管理人员或工程规模太大时，则往往全部委托给监理公司实施全面管理。

美国政府投资建设项目的发包方式通常有四种基本形式，即传统的工程发包方式（Design/Bid/Build）、工程管理发包方式（The Construction Management Delivery System）、项目总承包方式（设计—建造及交钥匙工程，Design and Build）和合伙方式（Partnering）。为加强项目实施阶段的管理，美国的政府投资建设项目在招标投标、合同管理、信誉约束机制、行业组织和政府监督机制、风险管理等方面都有其特点。总体来讲，美国政府投资建设项目的管理体现出如下特色。

（1）受严密的法律法规体系制约

美国政府投资建设项目的管理所依据的主要法律法规是美国联邦采购政策办公室制定的《联邦采购规章》，另外还有美国国会在1962年颁布的订立政府合同过程中的诚实法律，美国国会在1984年颁布的订立政府合同时促进公平竞争的法律，各个行政机构制定的部门规章制度等。此外，美国政府投资建设项目的合同管理还必须受一些公共法律的约束，如《合同法》《企业法》《小企业法》等。

（2）有严密的决策及实施程序

在联邦政府投资工程的决策及实施过程中，最终用户部门、管理与预算办公室、国会以及财政部都要以不同的形式参与，最终用户一般要参与审定设计和验收工程，管理与预算办公室要对项目的预算进行审定，预算还需经国会批准后方可继续执行，财政部负责工程建设资金的集中支付。地方各州的政府投资建设项目的实施程序也与联邦政府基本相同。

联邦以及各州的政府投资建设项目的决策及实施程序不尽相同，但一般均具有以下特点，即在项目的决策阶段，项目要经过同级财政部门和议会的严格审查；在项目的实施阶段，则由项目执行机关严格按照规定程序以及有关合同对项目进行严格管理。以美国总务管理局的项目运行过程为例，一个大型项目从设计和建设直至交付使用，大约需要经过区域规划、计划任务书发展研究、项目审定、项目管理四个阶段。

（3）承发包必须坚持《政府采购规章》规定的基本原则和方法

在政府投资建设项目的承发包中必须坚持以下基本原则：①完全与公开竞争原则；②公众利益和承包商利益的平衡原则；③保证程序的完全性原则；④政府要认真考虑所有标书和投标文件的原则。

采购方式一般以公开招标方式为主，但允许在一定条件下采用竞争性谈判和单一来源采购方式。政府建设项目要求对承包商提供投标保证。投标保证是指若中标的承包商因故不能与业主签约承接工程，则为承包商提供保证的保证人向业主赔偿损失，同时次低标者成为中标承包商。实际上，保证人对业主的赔偿仍然是由承包商承担，政府建设项目所要求的投标保证金额一般是合同价的20%。

（4）政府相对于承包商是一个有“部分特权”的平等主体

① 政府投资建设项目建设方式。美国政府投资建设项目的建设方式仍然主要采用传统的所谓“三角方式”，即业主分别与设计机构和承包商签订设计和施工合同，业主直接对设计工作进行管理，在施工阶段则由设计人员代替业主承担一部分重要的监督工作。

② 合同形式及内容。美国政府投资建设项目的合同形式以固定价格合同为主，但同时也有多种其他类型的合同。合同内除常规内容外还有一些规定政府部门特权的特殊条款，如规定政府有权力在认为“符合政府利益”的任何时候终止合同。

③ 合同管理。美国政府投资建设项目的合同形式以固定价格合同为主，但同时也有多种其他类型的合同。政府投资建设项目的合同除了工程合同的常规内容外，还有一些规定政府部门特权的特殊条款。政府投资建设项目的合同管理一般都由政府部门委派一名“合同官员”实施管理，在发生变更事项时，一般采用友好协商和调解的方式解决分歧，无法达成一致时，可申请仲裁或提起上诉。如果政府与承包商由于合同修改而在增加报酬和时间延期的问题上不能够达成一致时，政府可以发出一个单方面的合同修改意见，承包商只能先执行后申辩。

④ 资金支付。在工程价款的支付方面，一般采用集中支付模式，即承包商提出支付申请，经合同官员确认后，由财政部门直接将资金拨付到承包商账户。

（5）有相对独立的内、外部监督机制

为防止政府投资建设项目实施中的腐败行为，保证投资效果，美国政府建立了相应的监督机制。在内部监督方面，每个负责政府投资工程的行政机关内部都设有独立于工程管理部门的监督部门，对其在招投标等环节中的行为进行监督。对联邦政府投资建设项目管理部门实施外部监督的主要任务，则由美国国会总会计师事务所下属的总审计署办公室承担，它有权对行政机关的投资计划进行评估，可接触所有政府文件，就政府机关的支出提出建议，而且可以对项目进行审计。

此外，美国政府重视发挥行业组织在行业自律和建筑市场管理中的重要作用。美国的行业组织正在朝着管理科学化、经济实体化、组织国际化的方向发展，其目的在于充分发挥群体优势、统一协调业务活动、强化自我约束机制、增强行业竞争实力。许多行业组织通过向成员贯彻章程条例和行为规范，承担着对行业活动的管理职能，或者协助政府进行行业管理。这样既可以避免政府的行政干预，又能使成员行为符合规范，从而有效地保证了整个行业按照经济规律科学运转。美国的经验表明，只有这种内在机制与外在监督的结合，才能真正发挥监督机制的作用。

（6）风险管理

美国政府投资建设项目中的业主、工程师、承包商都与银行、保险公司有着非常密切的联系。如在工程承包领域，政府业主通常要求承包商在承包工程时办理各种保险，承包商也需要银行的各种贷款，在办理保险和银行贷款的过程中，保险公司和银行将会慎重地审查企业的承包能力、履约记录、营业记录和资信状况，以决定是否给予承包商担保，通过这种方式约束承包商的承包能力与其实际能力相一致。

4.3.2　英国的政府投资建设项目管理情况

工业革命起源于英国，英国的工程造价管理经验非常丰富。早在140多年前，英国便成立了涵盖建造师、项目管理等专业的造价管理协会——英国皇家特许测量师协会。进入20世纪后，随着工业的不断兴起，项目管理被运用到世界各地更多的领域，造价管理也随之被推广。英国主要由咨询公司、中介公司定期颁布信息价格，但工程量的有关计量规则则是由政府主管部门颁布，咨询公司、中介公司按照市场价和信息价相结合的方式来计算价格。

英国对政府投资建设项目的投资控制也非常严格。一方面，英国的财政部门对于政府投资建设项目的投资建设有明确的法律规定。例如英国颁布了《英国公共工程合同规则》《英国公共设施供应的公用事业工程合同规则》等法律法规，严格规定了政府投资建设项目需要经过严格统一的招标，招标的具体流程要合理合法，并且符合各项规定。通过政府相关机构的验收检查，确定中标单位的具体资质并与其签订合同，并对工程建造过程中的造价严格把控。另一方面，英国自古以来都是现代建筑合同管理的标杆，各国也都以英国为借鉴。在英国的当地社会中，一般的工程项目都是由建筑师统一负责，对具体的建筑造价支出进行逐项的规划预算，并在每个时期进行统一的评估。

英国的建筑工程项目分为私人工程项目和政府工程项目。私人工程项目（即非国家/非政府项目）主要包括工业、商业、学校，房屋、私人医院等。公共工程项目（即国家/政府项目），主要分以下几种类型：中央政府项目，如国防项目（海、陆、空项目）；公共办公楼，如监狱、国会、税务办公室、社会保安、法院等建筑；公共基础设施（主要指土木工程项目），如道路、桥梁、铁路、隧道、港口等项目；公共服务建筑，如医院、学校等。公共工程项目主要采用由政府制订的“政府项目合同形式”。英国政府投资建设项目管理的特点如下。

（1）高度集中管理

鼓励所有中央政府业主从 2000 年 7 月 1 日起对新工程的采购采用私人融资方式（Private Finance Initiative，PFI）、设计建造方式（Design and Build，DB）和总承包方式（Prime Contracting，PC）。

① PFI 方式。其基本思路就是将政府项目交由私人融资、建设和运营，根据协议要求的时间将建成的项目移交给政府。该模式以公私长期合作合同为纽带，由私人承担与提供公共服务设施的有关风险，政府按商定的实施标准进行支付。PFI 模式按照一定的方法和原则来实施。该种方式发展迅速，大大改变了英国的建筑项目管理方式。具体操作方法有以下三种。

a. 自由竞争方式。一般公益性项目投资，如学校、医院、体育设施、公园和博物馆等建设项目，经过政府招投标签约后，由私人企业出资建设和运营管理，建成后向社会收取服务费来回收投资，政府不参与投资和管理。

b. 补贴方式。私人公司投资建设项目，为社会提供市政服务设施。投资主要通过服务性收费回收，政府适当给予财政补贴。政府在项目建设和运营管理的不同时期实施补贴，其形式不一，可以提高建设和服务质量，如伦敦广场地铁延伸线项目，完全由私人公司举债建设，建成后政府适当出资帮助其还本付息。

c. 购买服务方式。这种方式是纯粹为社会服务的建设项目，如监狱等，它很难通过服务收回投资；又如不宜通过收费回收投资的高速公路项目，虽然由私人投资建设和管理，但政府需要出钱向投资者购买服务，政府根据购买服务的数量和质量区别付费。政府签订购买服务合同时，即授权了服务期限并明确了服务付费标准，保证私人公司的投资回收。

② DB 方式。是指一个供应商负责该设施的设计与建造。供应商有可能通过各种努力实现业主的最大利益，但是由于事先对结果未充分预测，所以存在质量、设计和实施上的风险。

③ PC 方式。是将整个工程委托给一个主承包商（Prime Contraction），由其负责业主与供应链之间的连接。主承包商必须有能力将供应链的各方团结在一起，以达到业主的要求。

（2）成立政府商务办公室

政府商务办公室（OGC）于 2000 年成立，负责对中央政府的采购与商务活动进行咨询。OGC 在采购指南中规定了一套标准合同文本，但只作为指导性合同文件，没有强制性。为了保证合同的履行，要求提供保证金或担保，主要类型有无条件即付保证、履约保证、母公司保函、预付款保证、滞留担保等。

（3）政府采购遵守一定原则

公共部门实行强制竞争性招标，保证政府开支得到更严格的监督和更合理的使用。中标原则为“物有所值”（Value for Money，VFM）。

货物、工程或服务的采购应通过竞争性招标获得，除非另有特殊原因。根据部门法规，竞争形式应适用于所要求的产品或服务的简单和复杂性。

政府部门应根据欧盟采购规则和其他国际协议制定适合合同授予程序的法律框架，除了欧盟协定义务外，特殊规则适用于估价超过规定价格的大多数合同。

政府部门应确保所有负责货物、工程或服务采购的职员和发起团体，知道采购政策指南和 OGC 发出的购买政策与指南。

(4) 公共支出委员会

各部门的支出受议会公共支出委员会的监控，该委员会受全国审计办公室的监督，而全国审计办公室则是由部门审计员兼总审计长领导。部门审计员兼总审计长享有高度的独立工作权，可以独自决定审计程序及方式，也可履行其他属于其职能范围的检查，决定其向议会所做报告的内容，对财政资金的使用情况拥有充分的监督权。这些检查一般是看是否“物有所值”。审计委员会可依照法定程序对项目法人及项目勘察、设计、施工、监理、采购、供货等单位的账务收支进行审计监督。

4.3.3 日本政府投资建设项目管理体系

日本由于受到第二次世界大战的影响，经济的发展一度出现萎靡甚至是倒退的现象，但由于美国政府的扶持，日本经济得以发展，早已跻身于世界经济发达国家的行列。在日本，政府投资建设项目必须要政府牵头，由政府部门制订相应的发展规划，由政府部门进行投资管理，资金的具体用途都由政府严格把控。另外，日本的政府投资建设项目也是由政府进行统一组织和统一对外招标。政府负责管理的项目建设有严格的控制标准，包括在工程项目的前期规划、中期施工，以及后期的验收阶段要分工明确，严格控制造价支出。日本是一个非常注重法制建设和造价管理的国家。日本政府统一颁布了相关的建筑法律法规来约束政府投资建设项目，并要求政府投资建设项目必须按颁布的法律法规计算出投资总额。日本政府在工程造价管理上一般所采用的模式主要就是工程积算制度，分别为计划、设计和施工三个阶段的积算。日本政府有关建设的主管部门和建筑积算协会都会定期对工程造价咨询行业进行相应的技术指导及管理。工程造价的有关政策、法律法规、相关管理办法均由政府建设主管部门负责颁布。

第二次世界大战后，日本政府为了稳定投资，切实保证政府投资有效地为社会经济发展服务，采取了一系列刺激经济增长的政策，特别是通过建立健全投资立法，将政府投资行为完全纳入立法的保护与监督之下，发挥了政府投资的宏观调控作用，引导日本经济实现了高速增长。

日本实行的是政府主导下的市场经济体制，一个重要特点是将整个国家的基础设施建设纳入国家计划的轨道，并与国土开发计划紧密配合。在不同的时期，日本政府通过制订中长期发展计划，明确政府投资的总方向；通过专项计划，对不同的产业实行投资倾斜。2001 年 1 月，日本政府把运输省、建设省、国土厅和北海道开发厅合并成为国土交通省。国土交通省下设 15

个司局级单位，分别是：大臣官房（办公厅）、综合政策局、国土计划局、土地水资源局、都市地域整备局、河川局、道路局、住宅局、铁道局、汽车交通局、海事局、港湾局、航空局、北海道局、政策统括官。这种部门的合并是根据政府投资的项目在管理过程中出现的相互协调和合作不可分割的关系，同时参考了《道路法》《河川法》《地方自治法》《城市计划法》等几部已经颁布的法律，把有限的法律资源也整合起来，更便于在政府投资建设项目的管理过程中依法管理。另外，国土地理院也是根据《测量法》和《国土交通省设置法》设立的进行测量的行政机关。它负责有关测量的策划，掌握国土的基础情报，公共测量的指导及调整，参加有关测量的国际交流活动。日本对工程建设、建筑业的管理及招标工作采取分工负责制。日本政府投资建设项目的发包方式为特殊法人制管理模式。

在日本，还有《财政法》《地方财政法》《国有财产法》《建筑基准法》《土地取用法》《国土利用计划法》《地方自治法》《建设业法》《会计法》等。日本政府通过各种投资立法，将政府投资完全纳入法律的保护与监督之下，保证了政府投资的连续性和稳定性。日本政府投资建设项目的管理特点如下。

（1）企业化的经营管理办法

除一般公路、治山治水、城市道路等少数建设项目外，日本绝大部分基础设施建设，都是采取企业化的办法经营管理。所有由国家和地方经营的这些基础设施都由公共企业来实施。作为公共企业，与一般民间企业不同，一方面，它们在经营方面拥有地区垄断的权力，允许发行债券，减免税收并从财政得到补助和贷款；另一方面，其经营活动必须接受政府监督，财务上必须上报政府审查，服务价格和收费由政府核准，企业领导人由政府任命。公共企业是根据日本《特别企业法》成立的特殊法人，其目的在于通过政府干预设计政府投资的建设项目，规避市场经济下市场失效现象，同时企业化的项目管理模式，有利于项目成本的核算和效率的提高。

（2）招投标制度

日本的承发包工程不搞行政分配，一律通过招标。在招投标中，采用低价中标原则，但对于异常低的投标，日本建立了低投标价格调查制度，要求投标方做出合理的解释，以确认投标者是否有能力以投标价格承担工程，同时有效避免大量索赔的产生。同时，其价格若超过预算价格也不能中标，这里的预算价格是指由发包者根据积算基准积算所得的工程费，并被规定为价格上限。同时在招投标方式、企业经营事项审查、防止不正当低价中标等方面采取了相应措施。

根据《建设业法》和《会计法》的规定，日本的政府投资建设项目必须签订合同书，而且在签订合同书的同时，还必须要有合同保证。

（3）承发包工程必须严格签订和履行合同

工程一旦中标，法规要求当事人双方在各自对等的立场上，通过协商缔结公正合同，并诚实守信地履行。合同的内容必须载明工程的内容、金额、开工日期、付款方式、设计变更及自然灾害造成损失的处置原则和纠纷的解决方法等11项基本内容。

（4）设置政府采购投诉检讨委员会

日本总理府设置了政府采购投诉检讨委员会，专门接受国家、政府机关的协议对象工程的投诉，以此方式对政府投资建设项目进行监督。日本的政府投资建设项目实行一种集中的管理方式，除环境工程由环境省分管外，交通、建筑等工程由国土交通省集中管理。在工程造价方面，由国土交通省负责决策和计划的测定，其下辖的各个业务部门负责管理、监督、立项及资金的审查等工作。另外，在国土交通省内还设置了许多咨询机构，如交通政策审议会、国土审议会等，以帮助科学决策。政府投资建设项目的计价依据与模式为量价分离的“工程积算制度”，计价标准由政府制定，即“建设工程积算基准”。政府将指定专门机构，如“经济调查会”“建设物价调查会”等，针对政府工程收集掌握劳务、机械、材料单价，调查相关经济数据和指标等，编制复合单价，作为控制政府工程投资的依据。

政府在工程建设过程中，派出建筑监视员，对工程建设进行不定期的检查，发现问题，立即责令改正。他们一般同时负责的工程不超过5项。这些人被纳入政府公务员系列，其报酬来自国家税收。日本的建筑监视员代表政府对工程施工进行巡回监督检查。对于不符合规定者，可以对该工程发出停止作业的命令。也可责令暂时禁止建筑物的使用或限制使用。

（5）政令统一，职能分工明确

在项目管理中，虽然部门之间有分工，但法律规定是一致的，这就保证了各自能够依法办事、依法经营，从而防止了各种纷争。

（6）通过招标选择后评价机构

日本政府投资建设项目完成后要进行项目的后评价，一般采用招标的方式选择评价机构。中标的评价机构按照规定的程序对项目的完成情况进行评估，并向有关部门提交评估报告。日本对政府投资实行分级管理、责权一致的原则。对于决策者来说，投资决策的正确与否，是考核其政绩的重要标志之一，而考核结果将与其任期紧密挂钩，这无疑增强了决策者或决策层对政府投资建设项目管理的责任感，有效地提高了政府投资的经济效益。

4.3.4 德国的政府投资建设项目管理情况

德国的非经营性政府投资建设项目由需求部门提出立项申请，经财政、交通、建筑和房屋等部门共同审查批准后，通过专门的机构进行具体运作。其政府投资建设项目管理总的特点如下。

（1）项目单位专业化

德国规定，专业性建设必须交由专业公司承担。为适应这一办法，德国的咨询、设计、监理、施工单位及项目管理中介公司都非常专业，不仅拥有大量的专业性强的专业公司，而且拥有融设计、咨询、监理于一体的综合性项目管理公司。

（2）项目运作市场化

德国政府投资建设项目的整个运作过程十分重视发挥市场机制的调节作用。德国政府对公共项目的建设一般都不直接参与管理，而是采用招投标的方式，从市场中选择项目中介管理公司全权代理，并按照市场方式，对其实行有效的监督管理。专业性项目单位受政府委托，严格按照项目建设要求，运用专业技术和经验实施管理，减少成本，保证质量，取得效益。这样就有效地控制了政府投资，能够节省政府的人力、物力和财力，同时也能够确保达到投资的预期目的。

（3）项目实施法制化

整个项目的建设从规划、设计到征地、文物管理、招投标，以及工程建设的每个环节，都有法可依。各项目单位依法办事，各司其职，相互制约又相互协作，整个工程建设有条不紊，有序进行。

（4）项目管理信息化

在项目建设中，普遍使用网络进行项目管理信息的传递和交流。无论是政府项目的招标信息公布，还是项目建设的时间和经费控制信息在项目单位之间的传递，以及公众对政府项目的监督和建议，都使用了网络技术，充分做到了信息的快速性、完整性和透明性，有利于项目单位及时发现偏差，纠正错误，保证政府工程的顺利进展，同时也有利于项目建设有关单位之间进行有效的监督和制约。

4.3.5 新加坡政府投资建设项目的管理

新加坡的建设项目组织方式基本采用英国方式，即由业主、顾问工程师和承包商三方面组成。根据业主及顾问工程师来源的不同，新加坡的建设项目组织方式可以分为以下两种。

(1) 公共房屋工程

新加坡的公共房屋工程由新加坡住房和发展委员会（HDB）作为业主负责组织实施。住房和发展委员会共拥有8000多名员工，实力相当强大，因此其项目实施以往多采用自营模式，规划、设计、现场监督、管理工作均由其自己承担，通过招标选择经建筑工业发展委员会（CIDB）认可的政府公共工程承包商负责项目施工。自1991年开始，为促进公共房屋设计水平的提高，向住户提供更高质量的房屋，住房和发展委员会在部分项目上邀请私人建筑师参与设计，同时将部分住房和发展委员会拥有的土地向私营开发商招标，由其承担公共房屋项目的建设。

(2) 公共工程（除公共房屋外）

新加坡的公共工程主要由新加坡公共工程局（PWD）、陆路交通管理局（LTA）、电信管理局（TAS）、海事及港口管理局（MPAS）等部门根据工程性质分别作为业主负责组织实施。这些工程的规划、设计工作大多由其业主部门自己承担，但工程项目的顾问工程师大多来自新加坡公共工程局（PWD），通过招标选择经建筑工业发展委员会（CIDB）认可的承包商作为项目总包商，同时业主单位有权直接选择分包商，称为指定分包商。

在实施项目管理方面，新加坡政府对公共工程招标的形式、投标者的资格及相应的评标原则都提出了详细的要求，并在加强政府投资建设项目的合同管理和风险管理方面有以下值得我们借鉴的地方。

① 公共工程招标形式。新加坡政府规定公共工程的招标形式分为三种：公开招标、邀请招标和限制性招标。其中超过85%的公共工程采用的是公开招标形式。政府统一的招标规则规定凡超过30000新加坡元的公共工程，原则上均应采用公开招标的形式；对于不超过30000新加坡元的公共工程，可采用邀请招标的方式进行。对于特种工程、国防工程或在紧急情况下征得招标委员会同意的工程，方可采用限制性招标的方式。

② 对投标者资格的要求。新加坡政府统一的招标规则规定，凡参加政府公共建筑工程招标的承包商，必须在参加投标前，完成在新加坡建筑工业发展委员会的注册，成为可承担政府工程的承包商，并按照建筑工业发展委

员会评定的资质等级参加相应等级的政府工程投标。

③ 公共工程评标原则。新加坡政府统一的招标规则规定，对投标者的投标进行评价，并选择中标者的原则是：中标者的投标应是完全符合招标要求的；中标者的投标价格应是最低的；中标者的投标价格应是合理的。同时规定，对于新加坡本地和东盟国家的有在新加坡从事公共工程良好记录的承包商，可在评标时获得2.5%（最多不超过40000美元）的优惠。

④ 政府公共工程合同管理。新加坡政府对公共工程合同的管理体现在政府制定了统一的公共工程合同条件，供各政府部门使用，以此来使工程建设各方熟悉合同条件，降低投标费用并提高合同管理效率。新加坡建筑工业发展委员会对政府公共工程制定了统一的公共工程标准施工合同条件(COC)。该合同条件由两部分内容组成，第一部分为通用合同条件；第二部分为根据工程具体情况制定的专用合同条件，以使其能为各个工程所通用。此外，建筑工业发展委员会还制定了指定分包商标准合同条件（NSC），该合同条件与COC共同使用。

⑤ 政府公共工程风险管理。工程项目的风险主要分为社会风险、经济风险及建设风险。由于新加坡政府的公共工程主要是基础设施建设及公共房屋建设，在进行了周密的可行性研究及项目方案制定并报政府各有关部门审查批准后，其社会风险及经济风险不大；对于工程项目的建设风险，则依靠政府完善的招标投标管理、合同管理、质量管理及造价管理进行控制。

4.3.6　发达国家和地区政府投资建设项目管理模式的对比分析

经过对英国、美国等发达国家和地区及国内各地区政府投资建设项目管理情况的初步分析，下面针对各个国家及地区管理模式进行对比分析，并从中得出启示。

（1）政府投资工程的透明度极高

因为使用的是纳税人的钱，因此，任何纳税人都对政府投资工程具有知情权，政府投资工程要接受多方面的监督，保证了政府投资工程实施的廉洁、公正。对于政府投资工程，管理部门严格的监督机制体现在以下两个方面：一是建立严格透明的操作程序，从制度上保证工程管理的有效进行；二是严格的外部监督机制，承包商如认为政府投资工程管理部门有不规范行为，可以向有关部门投诉。

（2）项目的决策机制

从英国、美国、日本及其他地区的政府投资建设项目的决策来看，政府投资建设项目的决策通常由政府及相关部门掌握，如美国的政府投资建设项目必须经过同级财政部门及议会的批准方可实施。而且总体来说，市场经济发达的国家及地区的政府投资建设项目，在前期决策阶段是非常重视项目的可行性研究工作的，可行性研究的深度比国内的深得多，国内的政府投资建设项目虽然也是按照国家批准的规划进行，但项目实施与否的决策往往并没有进行深层次的研究和社会、经济收益的测算。换言之，国内建设项目的可行性研究往往成为“可行研究”，往往是政府决策后研究单位对政府决策的佐证，并不是真正为政府正确决策提供的研究，而且由于时间紧、任务重，项目的可行性研究更是达不到应有的深度。从近年来的政府投资建设项目来看，项目进行论证的周期往往不长。如重庆鹅公岩长江大桥，进行工程可行性研究及设计工作仅用一年左右，而在一些发达国家，一个项目的可行性研究一般要达到3～5年，同时，政府的决策必须建立在项目可行性研究的基础之上，即先论证、后决策，而不是政府已明确工程的完工时间才匆忙上马，起不到保证项目决策正确性的作用。

（3）项目的监督机制

从以上对比分析的国家和地区来看，为防止政府投资建设项目实施过程中的腐败行为，保证政府投资建设项目的投资效果，有效控制投资，各国及各地区对加强项目的监督审查机制都予以高度重视。美国由总会计事务所下属的总审计署办公室对政府投资建设项目建设进行前期评估，并对项目完成进行审计监督工作，同时项目的资金必须经同级财政部门和议会批准后方可得到财政拨款。日本也在总理府下专设了政府采购投诉检讨委员会，专门接受与政府投资建设项目相关的投诉。而国内的深圳市为配合建筑工务局加强政府投资建设项目的管理，由深圳市审计局专门成立政府项目审计中心，负责政府投资建设项目的审计工作。这些都为我国加强政府投资建设项目的监督机制提供了很好的借鉴。

（4）承包商资质管理

在承包商及材料设备供应商资质管理方面，英国采取的是一种审查清单即DETR/NQS体系，要求所有完成的项目都要按建筑规则的要求进行检查，并根据工程实施情况发给承包商相应的证书，作为以后工程选择的依据。政府投资的公共工程，甚至私人工程，都会购买这一清单，在工程招标中加以应用。美国采取的是承包商信誉约束机制，也就是我国政府近阶段倡导的企业诚信机制。业主选择承包商的依据不再仅仅是承包商是否具有承建该项目应具备的国家认可的资格，更重要的是对其业绩和信誉的考虑。有些业主不仅要考量承包商的信誉，而且还要考量承担该项目的项目经理的个人信誉，这是决定承包商能否中标的一个关键因素。在我国现行的企业诚信机制建立过程中，由政府或相应的行业协会组织企业专业资质的审查，并根据工程建设情况进行动态管理，是当前切实可行的管理方式。

（5）充分依靠专业人士和中介组织

这一模式表现在以下几个方面。

① 政府的专业管理机构本身就是由建筑师、工程师、合同律师等专业人士构成。

② 政府除了自身对项目进行管理外，一般都按照规定的程序选择和委托相应的工程咨询公司来管理，实施政府监督。

③ 所有的重要技术环节都有专业人士把关，工程中质量、技术、安全、成本等责任非常明晰，这些专业人士是在政府严格管理之下或由专业的学会、协会组织进行注册的，由于专业人士的风险责任制度、无限经济责任和责任保险制度的约束，形成了整个工程咨询行业人员必须向政府负责、向业主负责的运行机制，调动起了专业人士和机构的责任心，也有利于投资目标的实现。

（6）开展事后评价

在发达国家和地区，对于政府项目管理人员有一套完善的专业培训和评价体系，政府会定期对项目管理人员进行专业培训，项目结束后也会对项目管理人员的工作进行评价。发达国家和地区的政府公共项目，从设计规划、筹资兴建到投入使用，有一整套法律制度的保障，这些法律制度健全完善并具有极强的操作性，工程项目实施的过程中，实时受到多方面的监督。

4.4　先进管理模式对我国的借鉴

发达国家和地区的政府投资建设项目管理既存在差异，又存在共同之处。其共同之处大多是国际普遍性的先进做法，值得我们学习参考；其特色之处也与其国情和历史紧密联系，值得我们探讨和学习。我国目前的政府投资建设项目管理模式与发达国家和地区通行的管理模式如图 4-2 和图 4-3 所示。其间的区别一目了然。通过比较可以发现，发达国家和地区通行的政府投资建设项目管理模式有以下几点值得借鉴的地方。

（1）对政府投资建设项目与非政府投资建设项目应采取不同的管理方式

在发达国家和地区，对于政府投资建设项目直接实施管理是政府的一项

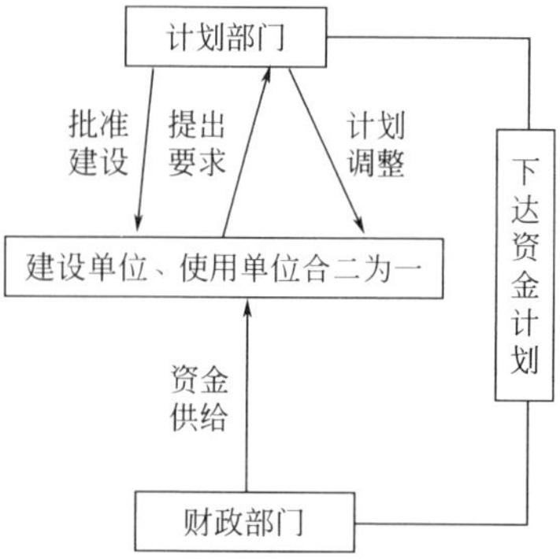

图 4-2　我国目前政府投资建设项目管理模式

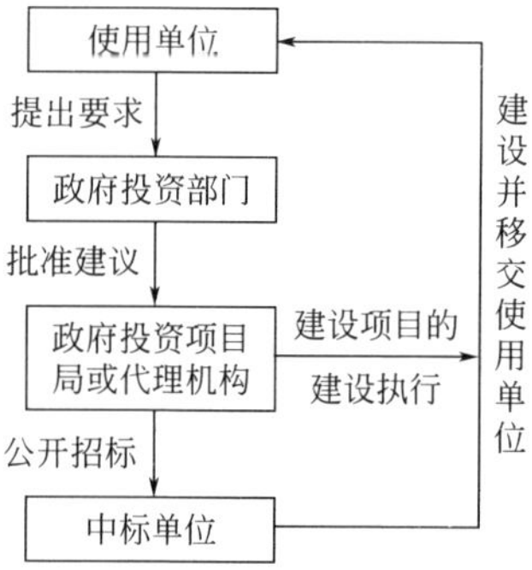

图 4-3　国际通行管理模式

重要职责，几乎所有发达国家和地区都有实施政府投资建设项目的专门机构。从美国的管理模式来看，政府投资建设项目与非政府投资建设项目的管理方式是严格区分的。政府对于非政府投资建设项目一般采取不干预政策，即私人业主对自己的投资建设活动有很大的自主权，政府只是采取“间接”的手段进行调控；对于政府投资建设项目，特别是非经营性项目的工程建设，管理则非常严格，政府设立专门主管机构，以业主身份代表政府实施全过程的集中管理。项目的所有单位或使用单位不直接参加工程建设的组织实施，项目建成后，再交付使用单位使用，实现了建、管、用的分离。值得注意的是，这些主管机构在政府投资建设项目的建设过程中，只行使业主的职能，不再具有政府的管理职能，其工程建设的实施仍然要遵循一般工程的运作模式。

（2）对政府投资建设项目工程建设的管理充分发挥咨询组织和专业人士

的作用

我国大部分地区政府投资建设项目的实施与使用，至今仍沿袭着计划经济时期高度集中、高度垄断的“四位一体”（投资、建设、管理和使用）投资体制。由建设单位组建项目管理班子，发展和改革部门作为决策部门，财政部门和审计部门分别对资金进行管理和监督，通过它们之间的协调和制衡实现对政府投资建设项目建设过程的控制与财政资金的使用。由于缺少明确的法人，缺乏投资责任约束机制，因此引发了许多问题。如项目建设的权责不统一，过多的行政干预，截留、挪用、挤占建设资金，使得项目的资金难以得到有效控制。而发达国家和地区政府投资建设项目的工程建设管理方式，大致可分为四种，即自行管理、部分自行管理、部分委托管理以及全部委托管理。从各种方式的运行情况来看，当政府投资建设项目业主拥有很强的管理力量时，一般采用自行管理的方式，除此之外，一般均采用部分或全部委托专业人士管理的方式。从效果来看，一般认为由经过严格挑选的咨询公司和专业人士负责管理的项目效果较好。这些专业人士是在政府的严格管理之下或由专业协会、学会组织注册的，由于受风险责任制度、无限经济责任和责任保险制度的约束，形成了整个工程咨询行业人员必须向政府负责、向业主负责的运行机制，减轻了政府对行业管理的负担。政府只需宏观调控，制定符合市场机制运行的法律、法规和条例，建立相应的监督机制。

（3）政府机构之间权力、责任匹配，互相制约

使用单位、财政、预算（有的国家将此两部分职能分别授予不同的机构）部门以及议会在工程的建设过程中具有不同的法定职责，根据其法定职责，各自要在工程的不同阶段发挥其作用。使用单位提出需求并参与设计审查、交付验收；议会对工程是否建设以及投资规模具有最终的决定权；建设部门参与前期的可行性研究、概预算编制，并负责建设实施，甚至管理和维护；财政、预算部门要对工程预结算进行审查，并进行集中支付。这样职责清楚，彼此制约，各部门可以专注于职能范围内的事情，避免了权力寻租。

（4）政府投资建设项目向私人资本开放

政府的建设资金毕竟是有限的，为了充分发挥私人资本的作用，无论是经营性还是非经营性的政府投资建设项目，在建设中均可向私人融资。BOT（建造—运营—移交）作为一种先进的建设方式，能够减轻政府负担，提高工程建设效益，转移政府工程建设风险的有效措施，在这些国家和地区得到了政府的高度重视。

（5）政府投资建设项目工程采购市场化

在市场经济国家，各级政府部门和其他公共部门或政府指定的有关机构的采购开支主要来源于法人和公民的税赋和捐赠，必须以一种特别的采购方式来促进采购尽量节省开支，最大限度地做到透明和公开，以及提高效率。招标投标采购是政府采购及其他公共采购的主要方式，其特点如下。

①程序规范，严格按照规则办事。发达国家和地区对于政府投资建设项目的管理普遍设有专门的法律法规和专门的合同。政府投资建设项目的管理方式、管理机构、运作方法与私人投资工程有所不同，所以，制定相应的法律、法规就是必不可少的一项工作。如机构需要法定，管理方式需要法定，所有的运作规则需要法定。根据政府投资建设项目管理的需要来改进和完善我国建设工程管理的法律、法规和制度，是必须进行的一项工作。有的发达国家和地区甚至不惜牺牲效率，也要保证依规则办事。这是直接实施政府投资建设项目合理机制的重要支撑。这样可以有效地避免人为因素，排除出于不同利益目的的管理干扰，保证政府投资建设项目达到预想目标。

② 全方位开放，透明度高。任何人对于政府投资建设项目的实施过程都可具有知情权，政府投资建设项目要接受多方面的监督，保证了政府投资建设项目实施的廉洁、公正。政府投资建设项目管理部门严格的监督机制体现在以下两个方面。

a. 建立严格透明的操作程序，从制度上保证工程管理的有效进行。

b. 严格的外部监督体制。承包商如认为政府投资建设项目管理部门如有不规范的行为，可以向有关监督部门投诉。这一管理理念对管理政府投资建设项目具有重要的借鉴意义。

③ 公平、客观。招投标全过程自始至终按照事先规定的程序和条件，本着公平竞争的原则进行。在招标公告或投标邀请书发出后，任何有能力或资格的投标者都可参加投标；招标方不得有任何歧视某一个投标者的行为。评标委员会在组织评标时也必须公平客观地对待每一个投标者。

④ 交易双方一次成交。一般交易往往在进行多次谈判之后才能成交。招标采购则不同，禁止交易双方面对面地讨价还价。贸易主动权掌握在招标人手中，投标者只能应邀进行一次性递价，并以合理的价格定标。

基于以上特点，招标投标对于获取最大限度的竞争，使参与投标的供应商和承包商获得公平、公正的待遇，以及提高公共采购的透明度和客观性，促进采购资金的节约和采购效益的最大化，杜绝腐败和滥用职权，都具有至为重要的作用。

（6）政府投资建设项目工程质量保证体系完善

当前，我国政府投资建设项目在工程建设中存在着各种各样的问题，后果最终表现在工程质量方面。针对这一问题，政府采取了加强政府投资建设项目质量责任制、加强政府对工程的监督检查、严格建设程序等措施，对我国的政府投资建设项目建设起到了积极的作用。但这些措施只能对发现的问题进行改正，不能从根本上避免问题的产生。发达国家和地区在这方面非常重视质量保证体系的建设与应用，认为工程质量不是靠检查出来的，而是在建设过程中形成的，如果到检查时才发现质量问题就太迟了。因此，发达国家和地区大力推行质量保证体系的应用，不仅仅要求承包商，而且政府投资建设项目的业主、设计、监理单位均应建立相应的质量保证体系，以此对政府投资建设项目的工程建设形成全方位、全过程的质量保证体系网络，达到提高政府投资建设项目质量的目标。

第5章

完善我国政府投资建设项目投资管理的理论和方法的探讨

为了提高我国政府投资建设项目投资管理的有效性，我们应该借鉴发达国家和地区的经验，尽可能采取与国际惯例相一致的措施，来提高政府投资建设项目的效益。但必须看到：发达国家和地区已形成成熟的市场经济体制和运行机制，法制完备，信用制度健全；政府投资建设项目实行相对集中化、专业化、市场化的管理体制；政府投资建设项目主要限于基础性和公益性领域；建筑业实行业主制和以咨询工程师协会为中心的专家管理下的施工监理制。因此，政府投资建设项目的监管容易进行，部分监管职能可以由市场替代，如银行和保险公司介入监管，咨询工程师、监理工程师负责工程的投资、质量、进度控制等，政府实施监管的工作量小。

而我国还处于向市场经济转轨的过程中，法律不完善，法制观念淡薄，信用缺失。现行的项目管理模式使“投资、建设、管理、使用”多位一体，建设、监管主体混淆，管理分散化、非专业化和非市场化；监理制执行不力，不能对项目投资、质量和进度实行有效控制。这些制度上的差异给我国政府投资建设项目的监管带来了比发达国家和地区更多的困难，监管的工作量大，难度也大。因此，我们在借鉴发达国家和地区经验的同时，应考虑我国经济转型期的特点，从以下方面对政府投资建设项目进行投资管理。

5.1 加强政府投资建设项目投资控制的原则

5.1.1 科学性原则

（1）坚持经济性原则

要研究项目所花的代价和取得收益的关系，研究投入与产出的关系，必须以经济效益为中心，并且要把经济效益同社会效益结合起来，以较小的劳动消耗和物资消耗取得最大的成果。如果一个项目所花的代价大于所得，那么这项决策是不科学的。

（2）坚持系统性原则

也称为整体性原则，在决策确定项目开展时，应该将各个小系统的特性放到大系统的整体中去权衡，以整体系统的总目标来协调各个小系统的目标。

（3）坚持预测性原则

预测是由过去和现在的已知，运用各种知识和科学手段来推知未来的未知，必须用科学的预见来克服没有科学根据的主观臆测，防止盲目确定项目开展。

（4）坚持可行性原则

运用自然科学和社会科学的手段，寻找能使项目成功的一切方案，并分析这些方案的利弊，以便最后抉择。

5.1.2 动态管理原则

成立项目动态管理组织机构。落实各项项目实施动态管理主体，确保项目决策科学、开展推动有利、经验总结有效，并及时整改监督管理过程中发现的问题，确保项目朝着决策确定的目标良性发展。

5.1.3 绩效原则

（1）要按照“经济、效率、效果”指标进行评估

经济指标一般指投入到管理项目中的资源水准；效率关注的是投入与产出的比例关系；效果通常是指公共服务实现标的的程度，是衡量政府公共服务的重要指标。应将三者结合起来评估政府投资项目管理的实际意义。

（2）遵循“满意原则”，设置满意度指标

考核政府投资建设项目管理的绩效不仅仅在于政府的工作效率，更重要的还在于政府所做的工作在多大程度上满足了社会、企业、公众的需要。在考核中要以人民满意度作为最大的绩效考量，把人民群众的需要与行政产出及结果联系起来，从人民群众社会需要的角度对行政产出与结果做出定量的测定。绩效指标必须涉及具体的某类公共服务，涉及地方政府如何为民众提

供便民服务，以及如何改进服务的度量。

5.2 政府投资建设项目造价控制总体框架的建立

针对政府投资建设项目管理中存在的有权无责的现状，按照建立法治政府和服务型政府的要求，完善政府投资建设项目管理的总体构想是分权和问责。将政府部门的部分决策权交还给各级人大及公众，减少决策者的自由裁量权，并对其管理行为进行问责。建立一套完善的能体现公众民主权利、有利于提高资金使用效益的政府投资管理体制。

5.2.1 政府投资建设项目造价控制总体目标

政府投资建设项目造价控制的总体目标是建立与社会主义市场经济体制相适应的，能公平高效地为全社会提供公共产品，引导、调控全社会投资，促进经济社会全面、协调、可持续发展的管理体制。其标志是政府投资建设项目的管理机构统一协调，管理程序法定规范，管理规则科学公正。

（1）统一协调的管理机构

政府投资建设项目的决策机构（投资管理部门和资金管理部门）、执行机构（行业主管部门和建设主管部门）和监督机构（专业稽查机构和行政监察机构）根据履行各自管理职能的要求依法设立，各机构合理分工，协同合作，管理机构功能完备，能够灵活高效地发挥相应的管理职能。

（2）法定规范的管理程序

国民经济发展中长期规划、专项规划、投资计划的下达、调整及其资金管理、项目咨询论证、评估、听证、决策、建设、监察等，这些环节与投资管理的相关过程，都有体现公众民主权利和符合现代法治精神的程序性法规可以依据。

（3）科学公正的管理规则

政府投资建设项目的管理机构内部对投资的决策管理、建设过程管理、监督管理，应与物质文明、精神文明和政治文明发展水平相适应，能充分体现科学发展观的政策、标准和规范，投资管理要有章可循，遵章而行。政府投资建设项目的管理机构在处理政府与社会、政府与企业、企业与企业等利益关系方面，应严格执行相应的法规和政策。

5.2.2　政府投资建设项目造价控制总体框架的构建

政府投资建设项目造价控制的总体框架的构建，主要有下列几个要素：决策体制、资金管理、建设管理、咨询服务和监管体制。这五个方面贯穿建设管理全过程，是构建政府投资建设项目造价控制总体框架的主要要素，其合理运行与科学管理，是政府投资建设项目造价能够得到有效控制的关键。

5.2.2.1　建立公共权力向公众倾斜的投资决策体制

政府投资建设项目决策体制改革应重点解决投资决策排斥公众参与，领导和公务人员以个人意愿（并不一定代表个人利益）替代公众意愿，以少数人决策替代公共选择的问题。必须着力解决投资决策权由政府机关垄断的问题，通过提高决策的民主化程度，限制公权使用。

从决策的科学化民主化出发，兼顾决策效率，扩大各级人大的审批权限，重大项目必须经人大审查批准后，方可纳入年度建设计划，未经法定程序不得实施。同时，为了平衡决策民主和决策效率，应加大事后审查力度，由独立的评估机构对投资计划的执行情况进行科学评估。具体来说分为以下几个方面。

（1）决策、执行和监督分离

将各行业主管部门的投资决策权集中到投资主管部门，行业主管部门和建设主管部门负责对政府、人大和投资主管部门决策后的建设项目实施管理工作，并成立专门部门（或由审计部门、监察部门）执行外部监督。最终形成人大、政府和投资主管部门分层决策，行业主管部门和建设主管部门联合执行，专业监督部门和行政监察部门协同监督的政府投资管理“三分离”体制。

（2）体现公众需求意愿和公共财政支出框架相统一的项目决策程序

项目决策过程中，收益或受损人群以及其他公众，通过听证或公示等途径，表达自己对公共产品的偏好；咨询机构本着客观科学的原则，在认真调研的基础上，对项目单位的委托进行可行性研究论证；评估机构客观公正地对可行性研究报告进行独立评估；投资管理机构和政府从有利于维护和增进公共利益的原则出发，对项目初步决策；人大受公众委托，作为公众利益的代表，对重大项目进行最终决策。具体程序如图5-1所示。

现行政府投资建设项目决策程序有两点应该改进。

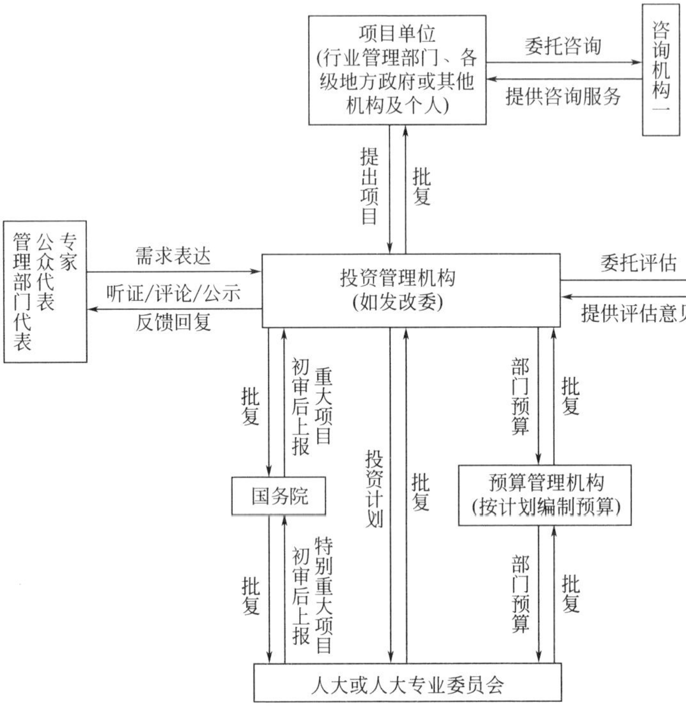

图 5-1　政府投资建设项目决策程序

① 改变目前政府投资建设项目决策由管理部门自我授权，替社会公众做主的做法，通过一定的社会公众意愿表达机制（如市民听证会、专家评议和公示等），使相关管理部门准确掌握社会公众的需求信息，并在认真考虑后进行科学决策。

② 政府投资建设项目作为政府财政支出的一部分，其管理体制应与新的部门预算编制办法相适应。项目投资主管部门在与行业主管部门和财政部门协商后编制政府投资计划草案，年初交同级人大审议，审议决定后由预算编制部门按政府投资计划编制投资主管部门的建设预算和经常预算，报人大批准后由财政部门下达投资主管部门执行。

（3）对项目决策进行听证

公众参与政府投资决策可以在政府投资领域落实人民的民主权利，避免决策者可能的经济人行为对公正决策的干扰。可以先从重大项目的决策听证开始，逐步扩大到一定投资额以上的政府投资建设项目。听证方式有集中听证，公示后针对性听证等。听证程序必须放在项目评估之后和投资主管部门决策之前。

5.2.2.2 建立集中高效的资金管理体制

政府投资建设项目资金管理分为投资决策阶段和建设实施阶段两个相对独立的环节，主要应解决资金分散使用和提高效益等问题。

（1）逐步集中政府资金的使用权

逐步将专项建设资金纳入预算内，并集中到投资主管部门进行管理。按照政府投资管理决策、执行和监督“三分离”的原则，逐步取消水利建设基金、铁路建设基金、公路建设基金和民航建设基金，通过配套改革，使其变为税收或彻底取消。将专项建设资金纳入预算内投资，由主管部门统一进行管理，从而实现使用权和决策权的统一。

集中资金使用权和投资决策权有以下好处。

① 通过统筹安排，可以发挥政府有限资金的最大使用效益。集中有限的资金统筹安排，可以将资金投入到最需要的公共领域，发挥最大效益。

② 集中决策可以减少决策成本和提高决策效率。

③ 集中资金分配权可以减少公务人员可能的经济人行为对公众利益的侵蚀。

（2）全面实行建设费用报账制。改变目前建设资金层层下拨方式带来的费时、费力和层层截留、挪用的弊端，采用国际上建设项目资金管理的普遍做法，例如世界银行贷款项目的支付方式类似于报账制，它由提款申请（分为偿还借款人申请用自有资金已支付的金额、回补专用账户和直接支付）和特别承诺申请组成。直接支付是世界银行将款项直接支付给第三方的支付方式。

5.2.2.3 建立以造价控制为重点的建设管理体制

在引起造价失控的诸多因素中，建设单位管理体制落后、风险防范机制薄弱等是投资失控的主要原因。实现以造价控制为重点的建设管理体制，就是要不断改进建设实施方式，努力在确保工程质量的前提下做到投资的有效控制。政府投资建设项目的管理应按照“投资、建设、监管、使用”分离的原则和专业化管理的措施，建立责权明确、制约有效、科学规范的政府投资建设项目管理体制和运行机制，提高资金效益和管理水平。政府投资建设项目造价控制系统主要由投资主管部门、专业主管部门、中介咨询机构、专业实施部门（专门的实施单位和代建制中标单位）和社会公众组成。

政府部门应通过健全相关法规，逐步完善包括政府投资建设项目在内的建设项目风险管理机制。试行风险包干制，本着客观、公正、公平的原则。建设单位应在尽可能细致、全面、准确编制出标底的基础上，再增加一定幅度的风险系数，作为工程造价的最高上限。投标企业根据各自实力、施工经验以及对现场周边环境的考察，结合对招标文件的理解，进行综合投标报价，中标后签订合同，对超出风险范围的造价，竣工结算时不再调整。注意培育工程保险体系，工程保险作为项目投资风险控制的主要手段，可分担许多潜在的风险。

5.2.2.4 建立以独立性和行业自律为特征的工程咨询服务体制

包括勘察、设计、咨询、评估、监理和造价在内的工程咨询，直接关系到项目决策的科学性和项目投资、质量和工期的控制效果。工程咨询体系的重点是增强咨询机构的独立性、客观性和中立性，建立和完善咨询业的自律机制，使咨询机构依靠从业信誉和咨询成果质量在咨询市场展开竞争。

工程咨询机构的管理主要依靠政府法规约束下的行业自律。目前工程咨询业的规章不完备，现有规章各自领域过载，甚至冲突，亟需一部统领工程咨询行业的法律约束。将目前分散的各相关行业联合，清理现有规章，完善个行业协会的运作机制，依法开展业务。协会对从业人员和机构进行监督，建立完善的资质管理体系和市场准入与清出制度，约束从业人员遵守职业道德，提高从业水平。

5.2.2.5 建立完善严格的监督管理体制

从长期投资规划的制订，到项目决策，再到建设实施，包括事前、事中和事后的全过程监督机制的建立，是政府项目造价管理体制高效运行的必要条件。我们应该建立重点监督项目建设和决策的监督机制，同时强化媒体和公众的监督。

完善监管领域的法律法规是有效监督的前提。应加强招标管理、建设程序管理、合同管理、资金管理等方面的立法和制度建设，尤其要明确和细化相关责任认定和处罚条款，提高相关部门和单位的法律意识，建立量化指标体系和项目监管信用体系，营造公平、自由、竞争、透明的投资环境。

要真正明确投资决策、执行、监督三个主体之间的关系。为落实监督措施，应使决策、主管与执行部门分离。监管部门也要被人大、纪检、监察等部门监督。

要不断加大政府投资建设领域的政务公开力度，创新公开形式，规范公开内容，使政务公开由规范制度层面向决策领域推进，由行政管理层面向服务领域拓展，实现由群众知情权向保障群众监督权深化，切实将投资活动置于有效的社会监督之下。积极推进公开工作程序、公开可配置资源、公开政府投资建设项目，即“三公开”的落实，并加强监督检查。建立信息公开情况评价体系，明确信息公开的监督主体、监督方式和方法。充分发挥舆论监督、社会监督的作用，进一步完善专家论证、听证制度、公示制度，培养和形成良好的社会监督氛围。制定政府信息公开的相关法规，为信息公开提供法律保障。要建立程序化、制度化、定性和定量相结合的日常监督制度，加强信息的及时性、准确性和全面性。

5.3　选择适合我国国情的政府投资建设项目投资管理模式

我国目前政府投资建设项目管理体制存在的深层次矛盾，国际化趋势中的外在要求，加上世界各国及地区对政府投资建设项目管理的成功实践经验，构成了我国政府投资建设项目改革的内外部环境。政府投资建设项目的管理体制，是国家投融资体制改革的重点和难点。因此，为了强化政府对投资建设项目的控制，提高政府投资建设项目的效益，改革和优化政府投资建设项目的管理模式必须提上政府投融资体制改革的议事日程。

5.3.1　总体思路

国内一些地区对政府投资建设项目的管理体制改革进行了积极的探索和实践，并取得了一定成效。本着“立足国情，逐步与国际接轨”的原则，本书对我国政府投资建设项目管理提出以下几点建议。

① 按照经营性质的不同，政府投资建设项目可分为非经营性项目和经营性项目，并实行不同的管理模式。非经营性项目，一般是非盈利性的，主要是追求社会效益最大化的公益性项目，无收费机制或经营性现金流入，靠自身运营将产生较大亏损，只能靠政府财政补贴维持运营。经营性的政府投资建设项目是具有盈利性质的政府投资建设项目。经营性项目属于全社会投

资范畴，其投资主体可以是国有企业，也可以是民营企业、外资企业或个人等，其投融资、建设及运营管理应由投资者自行决策，投资权益归投资者所有。

② 大型政府投资建设项目应由政府建设主管部门作为政府代表参与建设并作为核心领导。项目的组织实施机构作为最高建设主管部门的临时直属机构，具有较高的行政级别。项目的采购首先是严格的资格审核，只有得到认可的政府投资建设项目采购单位才有资格承接工程。

③ 对于其他政府投资建设项目，政府不直接参与项目的建设管理工作，应委托咨询公司或项目管理公司负责建设。咨询公司或项目管理公司以其专业知识、技术和经验选择承包商，中标者也必须是政府投资建设项目预选承包商名册内的承包商。政府监督项目的采购过程应审核中标者。咨询公司或项目管理公司在采购过程中的公正性和公平性受行业协会或学会管理、监督。

④ 允许民营资金进入政府投资建设项目。在一定期限内把项目的建设与经营收益直接委托给社会上以项目盈利为目的的公司建设和经营，使项目建设者的经济利益与项目直接相关。由这些公司直接组织实施建设管理工作，但中标者也必须是政府投资建设项目预选承包商名册内的承包商。

5.3.2 政府投资建设项目管理模式的设计

从前述发达国家和地区的政府投资建设项目管理研究可以看出，其项目管理机构都是专门设置的，实行专业化管理。所以，我们也要根据国情，不同地区实行不同的改革步骤。

（1）仿照我国香港工务局设立项目管理专门机构

在部分有条件的地区，可仿照我国香港工务局设立政府建设投资项目管理专门机构。目的是由政府专门部门对政府投资建设项目直接管理。仿照我国香港工务局的这个机构应包括机场、建筑工程、土木工程、公路工程、铁路工程、水利工程、机电工程等专业部门。设立类似于我国香港工务局的政府投资建设项目专门机构，原先隶属于各个行政主管部门的分管政府投资项目建设的部门统一由新设立的政府投资建设项目专门机构归口管理，作为新机构下属的“工务部门”。

按照这种方式设立新机构的优点是彻底打破了专业化分工过细、条块分割的格局，从根本上解决了政府投资建设项目工程管理领域长期存在的“各自为政，多头管理”的问题。其缺点是改革所面临的风险大，人员流动性强。

(2) 仿照深圳建设局增设项目管理专门机构

在部分条件不太充分的地区，可仿照深圳建设局在政府建设行政主管部门内增设政府投资建设项目管理专门机构。这里条件不太充分是指不具备把所有行业的政府投资项目归口统一管理的条件，因此，仿照深圳模式设立的政府投资项目管理专门机构，仅仅管理政府投资建设的市政工程、“一次性业主”的房屋建筑工程、公益性工程等，不包括专业工程、特殊工程和长年有建设项目业主的工程。

这种政府投资建设项目管理专门机构的人才来源主要是建设行政主管部门。因此，该机构的组建工作主要由建设行政主管部门负责，并隶属于建设行政主管部门。这种机构设立方式虽然没有彻底解决专业分工过细、行业条块分割的问题，但是“一次性业主”问题得到了根本解决。

按照这种方式设立新机构的优点是突出建设行政主管部门的专业和人才优势，有利于提高政府投资项目工程管理水平。其缺点是专业化分工过细，难以避免出现“各自为政”的现象，另外，按照这种方式设立的新机构属于政府事业单位，在企业缺乏竞争的情况下，要判断其工作是否有效率就很困难，资源往往不会得到最有效的利用。

(3) 采取过渡模式组建项目管理专门机构

在其他没有条件的地区，可采取过渡模式，即由政府行政主管部门（或其他政府职能部门）与建设单位（或项目行政主管部门）共同组建政府投资建设项目管理专门机构。

这种组建机构的特点是各项目行政主管部门或建设单位参与该机构的设置。这种方式实质上是增设了一个政府部门来担当微观管理层次的市场主体，专门负责政府投资建设项目管理，但仍受政府职能部门的领导。

按照这种方式设立新机构的优点是不打乱原有机构设置，改革的风险小，人员稳定。其缺点是没有真正把政府投资建设项目的角色定位清楚，不可避免会出现“多头管理”的现象。

下面具体地对我国政府投资建设项目的管理模式进行分析展望。当然，经营性与非经营性政府投资建设项目应该分别采用不同的管理模式。

5.3.2.1　经营性政府投资建设项目的管理模式——项目法人招标制

目前，按照投资体制改革的决定，我国经营性政府投资项目的建设实施，如收费的道路、桥梁、隧道、水厂等基础性设施，以及高科技示范工程，已开始按照政企分开的原则，逐步由直接投资改为股权投资。政府不直接参与项目的具体建设和经营活动，而是通过股权流动实现国有资产的保值、增值和动态调整。

经营性政府投资建设项目采用项目法人责任制，可由政府有关专业部门按资金来源不同分别依据《公司法》设立有限责任公司（含国有独资公司）和股份有限公司。对于大多数的项目，以投资公司的形式为主，由项目法人充当项目业主，自己担负起项目法人的项目策划、资金筹措、建设实施、生产经营、债务偿还和资产的保值增值等方面的功能。项目法人责任制是一种利益与风险、权利与义务捆绑在一起的制度。在这种制度下，项目法人以项目自身的盈利性为依据来筹资、运作、管理、偿债，通过项目法人制将投资约束内化，真正实现谁投资、谁决策、谁受益、谁承担风险的投资约束机制。

我国现行的项目法人制有两种模式：一种项目法人是由政府发起，吸引外来资本或民营资本共同组建，项目建成后由项目法人自主经营，自负盈亏，自担风险；还有一种仅仅是各级政府为了完成一个项目并确保运营而采取的一种企业化运作形式，这些项目法人往往是由政府某个部门为项目而专门组建，所有费用从项目管理费中列支。笔者认为，这种组建项目法人的做法，不利于提高投资有效性和投资效益，不利于引导和鼓励民间投资积极性，项目法人应采用招标的方法选定。

项目法人招标制，是一种将政府投资建设项目的建设、运营全过程合为一体，以公共决策为前提，在竞争性市场选择的基础上，与市场主体合作引入社会资本的一种风险损失分担的制度。适用于较大资金投入，工程运营、收益期限较长，具有一定的回报收益率，并能够恰当衡量产出、进行定价的政府投资项目类型。通过项目法人招标制，在政府引导下，把社会资本引入这些政府投资建设项目领域，能够实现满足社会公共物品需求、满足市场主体投资盈利需求的共赢局面。

项目法人招标制可以借鉴目前国际上流行的 BOT 的思路和方法，将项目的可行性、风险、政府投资的具体内容等向社会发布，各种经济成分的投资者都可以参与竞标。而且对于经营性政府投资建设项目而言，作为公共产品的供给方式，应该实行“以市场为主，政府资助为辅”的原则。另外，我国政府投资建设项目目前还处在向市场经济管理模式的过渡阶段，但今后会发展至成熟阶段，所以可以参照发达国家和地区政府在改善公共设施投资的管理中应用各种经济成分资本融资的做法。我们应该不断地研究社会需求的特点，并结合我国的实际情况，研究、探讨和发展 Partnering 和 PFI 等先进模式在基础设施项目上的应用，并继续推广 BOT 及其各种演变模式的应用。Partnering 和 PFI 模式是世界各国政府投资建设项目开发的重要模式。该模式牵涉到许多技术和社会问题，因此，我国应学习和借鉴国外有关的法规和政策，制定和完善适合我国国情的相应政策和法规，为这几种模式的应用提供保障，以避免各种“洋模式”水土不服。我们在进行政府投资建设项目管理模式改革时，应该由“政府业主”根据项目特点选择相应的管理模式，突破目前规定的限制，在政府投资建设项目中大胆应用，提高项目建设效率。

（1）项目法人招标制的实质

① 将政府投资项目建设运营全过程合为一体。政府投资建设项目的项目法人招标制，涵盖了政府投资建设项目的建设和运营两大阶段的全部过程，在项目前期做出项目投资建设公共决策时，就应把以后建设阶段的项目建设者、建设方式、建设周期等重大事项确定下来，同时也把项目建成后的项目运营维护方式、运营期限、项目移交等重大事项予以明确。这样，项目前期的公共决策、项目建设的设计施工、项目建成后的运营维护，被视作决策、建设、运营维护和移交等彼此相关的项目责任机制。它们相互衔接起来，使项目建设运营全过程成为有机整体，解决责任分割不确定性带来的损失无人承担的根本问题。

② 以公共决策为前提。就性质来讲，政府投资建设项目属于公共决策范畴，它以公共决策为前提。在项目建设运营的公共性收益性质论证、建什么项目、如何建、采取什么方式运营维护、公共产品如何定价或给予补贴等问题上，以委托人（社会公众）的决策权为基础，符合委托人的意愿为前提。

③ 通过竞争性市场选择，引入社会资本，确定项目法人。项目法人招标制中，项目法人的确定由竞争性的公开市场进行选择。通过项目法人的招标，使有融资能力和建设运营组织实施能力的市场主体能够进入政府投资领域，参与政府投资建设项目的建设运营管理，从而实现政府投资体制改革的目的，即以市场化方式减轻政府的财政负担，引入社会资本供给社会所需的公共物品。

④ 政府与社会资本的平等投资伙伴关系。政府投资建设项目的项目法人招标制中，政府与市场主体以特许经营协议的形式形成市场契约关系，由

此确定了政府与社会资本之间围绕投资项目的平等的市场投资伙伴关系。在此关系中，政府是社会资本的项目合作伙伴，为社会资本顺利开展建设运营业务提供了一切协议约定的便利事项；在此基础上，社会资本进行项目相关建设运营事宜，实现了为社会提供公共物品的目的，以及社会资本盈利的目的。

⑤ 对政府和社会资本之间的项目风险分担做出制度安排。社会资本之所以能够参与到政府项目中来，并与政府签订特许经营协议，形成平等投资的伙伴关系，其根源在于实行政府项目法人招标制能够清晰地划分各参与方的项目风险损失边界，对政府和社会资本之间的项目风险分担做出制度性安排，并给予相应的信用保障，从而使特许经营协议及其他协商事项能够得到执行。

（2）项目法人招标制的内在基本关系

在政府投资建设项目的项目法人招标制中，贯穿项目全过程的制度安排方式的内在关系如图 5-2 所示。

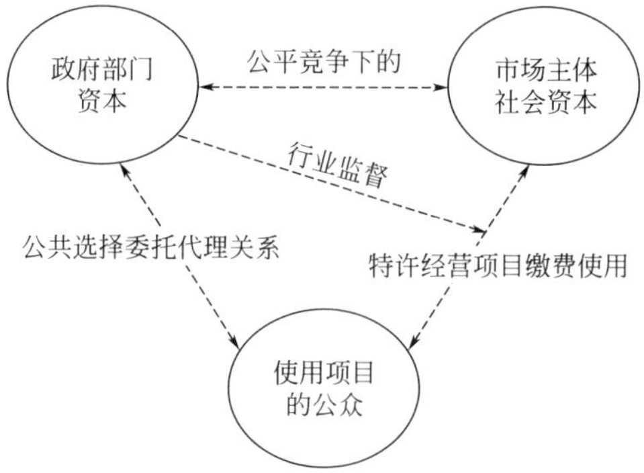

图 5-2　项目法人招标制内在关系示意

三类主体之一是使用项目的公众。社会公众作为委托人，委托政府进行项目投资，并从建成的项目运行使用中受益（公众收益）。第二是政府部门，通过内部行政分权与制衡体系，由综合职能部门代表政府，对建设何种项目、项目建设方式、运营维护方式、特许经营期限、使用收费方式等做出公共决策。第三是投入社会资本并从项目运营中取得投资回报的市场主体。

三类主体间的四种基本关系如下。

① 关系1：公众选择的委托代理。社会公众与政府部门之间是基于公共选择的委托代理关系，行政部门获得授权，进行规划、决策，明确并落实项目实施的具体方式。围绕政府投资项目建设运营的另外两个关系（与市场伙伴的关系、与行业监管的关系），其实在原理上也是以公共决策为基础的。

② 关系2：公开竞争下的平等伙伴。政府部门与市场主体既然是签约的交易双方，所以应该是权利、义务平等的合约伙伴关系。

③ 关系3：特许经营项目的缴费使用。公众与项目建设运营的市场主体之间是比较特殊的交易关系。一方面，它与一般的私人物品或服务的供求类似，项目法人作为供给方从需求方那里取得营业收入，需求方有权选择购买与否；但另一方面，又不完全等同于市场上的交易关系，因为毕竟是基于公共决策的项目经营，所以运营的项目法人要执行与政府约定的质量、数量和价格，要履行普遍服务的义务，不可能像私人物品供给者那样随时决定自主调整价格或供给量，当然更不能自主决定停止营业。

④ 关系4：行业监管。由上述特许经营的讨论可以看出，政府部门对市场主体还有监管关系，这种监管是基于“关系2”中的合同约定，针对的是“关系3”，以实现“关系1”中的基本要求。除了上述公共产品的监管之外，还有派生出的准入的监管、对特许权持有股份的转让、特许权融资等。

政府投资建设项目的项目法人招标制就是以这几个基本关系为框架的制度安排，使社会资本具有参与政府投资建设项目的机会，使政府能够利用社会资本进行社会投资，减轻政府财政负担，及时满足公众对基础设施、社会公用事业服务等具有公共属性的物品和服务的要求。

（3）项目法人招标制的制度构架

① 构架组成。项目法人招标制基本组织结构如图5-3所示，包括投标方、招标方、项目法人、金融保险机构。

a. 投标方。投标方作为市场竞争的潜在签约人，能够对贯穿项目全过程的不确定性带来的风险损失具备把握能力，具备有保障的履约赔付能力，同时还具备设计施工管理、项目融资、项目运营等方面的能力。

b. 招标方。招标方指以政府为主导的综合公共决策政府代表机构，它代表政府执行关于投资项目的各项公共决策，与市场投资人和招标代理机构以及其他专业化服务机构进行相关项目的事务往来；同时在政府体系内部，负责与其他相关职能部门进行工作协调，确保中标人能够顺利开展项目。招标方主要由四部分组成：招标人、招标执行机构、招标代理机构和专业顾问班子。

c. 项目法人。项目法人是投标人中标后，根据招标文件规定，由中标人单独形成或由中标人和招标人共同指定机构组成，负责投资项目的筹资、建设、运营维护、移交的市场经营实体。

d. 金融保险机构。金融保险机构为项目法人完成投资项目的建设运营提供市场化的资金支持和保险业务。

② 相互关系。投标人由单一投标人或联合体构成，通过招投标活动，与招标人发生联系；经过招标程序选择中标人，由中标人单独或与招标人指定的机构共同组成项目法人，由项目法人与招标人签订投资项目特许经营协议，取得特许经营权；项目法人为项目融资和保险，与金融机构发生联系，政府可以协助项目法人取得资金支持；项目法人通过特许经营协议与政府及其相关部门发生联系；政府或其授权部门对政府内部进行相关协调活动，由此保障项目法人招标以及后续工作顺利开展，如图 5-3 所示。

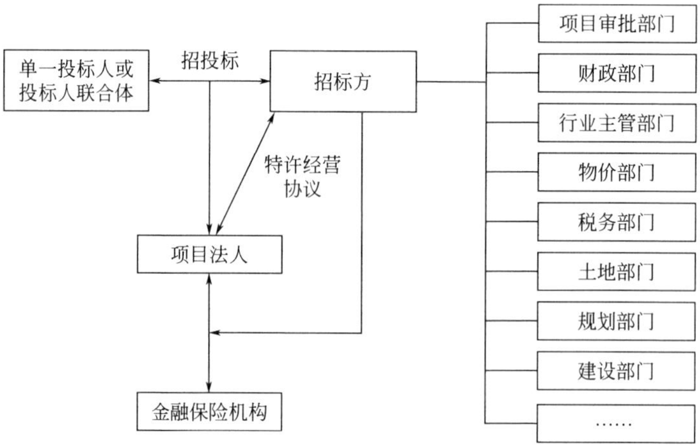

图 5-3 项目法人招标制基本组织结构示意

5.3.2.2 非经营性政府投资建设项目的管理模式

按照“投资、建设、管理、使用”分离的指导思路，政府必须建立专门的非经营性政府投资建设项目管理机构来实施工程建设管理。在管理特点上突出“代建”与“集中的专业化项目管理”，并借鉴发达国家的成功经验；

在具体实施中充分地借助社会中介机构的力量，真正实现“投资、建设、管理、使用”的分离。

我国非经营性政府投资建设项目管理模式的改革应根据我国的国情，遵照循序渐进的原则，逐步推进。根据各地政府投资建设项目管理模式的改革探索情况，总结经验，可以归纳出我国政府投资建设项目管理的具体模式可采取以下三个阶段的实施办法。

（1）培育项目管理公司

培育及发展一批专业型的项目管理公司，接受各个政府部门的委托，对政府投资建设项目进行全过程的管理，代替行政主管部门行使代建的职能。实现政府管理部门的建设职能和管理职能的分离。具体的项目管理模式类似传统的三角模式。所谓的三角管理模式是指建设单位（业主）分别与承包单位（主要是施工单位）和咨询单位（工程项目管理单位）签订合同，构成建设项目管理的三角（图5-4）。该模式首先解决了管理专业化的问题，同时保留了现有的政府行政主管部门的业主地位，对现状冲击小。

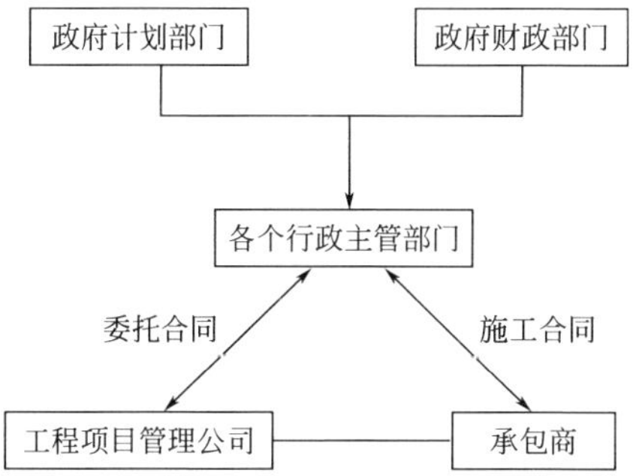

图5-4　我国政府投资建设项目管理模式改革模式1

项目管理公司的业务工作可以包括下列内容。

① 工程前期的咨询，包括项目建议书的评估和可行性研究报告的编制、评估，办理各类报批手续。

② 工程前期的征地、拆迁和项目基地外部配套工程的管理。

③ 组织工程的初步设计和施工图设计工作。

④ 组织实施设计、施工、监理、设备招投标工作。

⑤ 工程设计及施工阶段的工程管理。

⑥ 项目的生产试运行管理及评估。

（2）组建政府投资工程管理中心

可借鉴我国香港特区的做法，在中央政府和地方政府组建政府投资工程管理中心。根据不同的工程类别，下设不同的项目管理部门，分别对政府投资建设项目中的非经营性项目进行专业化的集中管理。在这个模式中，政府提出项目建议后，由政府投资工程管理中心充当业主地位，担负政府投资建设项目的投资管理职能。而项目管理公司是一个接受政府投资工程管理中心委托的集设计、招标、造价咨询、监理于一体的独立法人单位，进行工程项目的管理。监理职能由项目管理公司的建筑师、工程师等专业人士负责（图5-5）。在这种模式下，项目管理公司得以从事跨行业项目管理业务，综合项目管理水平得以进一步提高，逐渐发展成为能够提供专业化代建服务的代建单位。

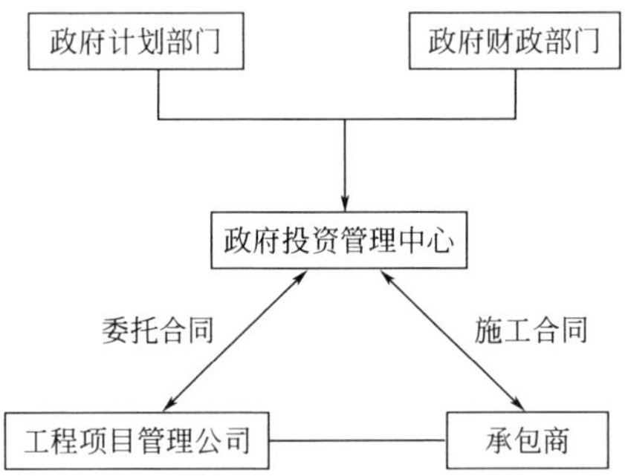

图 5-5 我国政府投资建设项目管理模式改革模式 2

该模式在解决了管理专业化的基础上，进一步解决了监督机制的问题。对政府工程的监督由分散监督转变为集中监督，从而提高了监督的效率。同时，由于政府投资工程管理中心是一个专门的机构，进一步解决了管理专业化的问题。

该管理模式的发包过程，应坚持政府工程采购原则，进行公开招标，坚持合理最低价中标原则。工程款采取集中支付制度，即在承包商提出付款申请，项目管理公司的建筑师、工程师等专业人员计量签证后，提出签证意见，工程管理中心审查后提交财政部门，由财政部门直接将工程款拨付到施工企业账户。财政部门对投资规模和投资执行情况具有监督权，并负责对项目投资效益的后评审。

目前，国内一些城市已经着手改革政府投资建设项目的管理机制，在实践中探索和完善政府投资建设项目的管理方式。如安徽和石家庄组建了社会公益性项目投资管理中心和行政事业单位项目管理中心，作为代表政府投资的法人主体和管理机构，对项目组织实施和管理，代表政府统一建设工程，项目竣工验收后，移交有关部门使用和管理。

考虑到我国有相当数量的工程在融资方式上实行的是部分由财政拨款、部分由使用单位自筹的方式，为防止使用单位“钓鱼”，必须待其将自筹资金交付到财政专户后方可批准其立项并继续进行。

（3）成立投资公司

成立投资公司，建立“政府—投资公司—工程项目管理公司”的三级管理模式（图5-6）。通过这种模式实现政府投资职能、投资管理职能、工程管理职能的分离。政府、投资公司、工程项目管理公司的权责一致，它们均在界定的职责范围内行使权力，履行责任，不受纵横向干扰。投资公司作为业主，具有投资主体的地位，主要任务是对项目投资与还贷，设施经营进行全过程管理。工程项目管理公司根据政府或者经政府授权的投资公司的委托，组织初步设计，接受项目评估，组织招投标、前期动拆迁，管理项目建设，控制项目质量、进度和投资，编制项目竣工报告和财务决算，移交工程档案资料等。

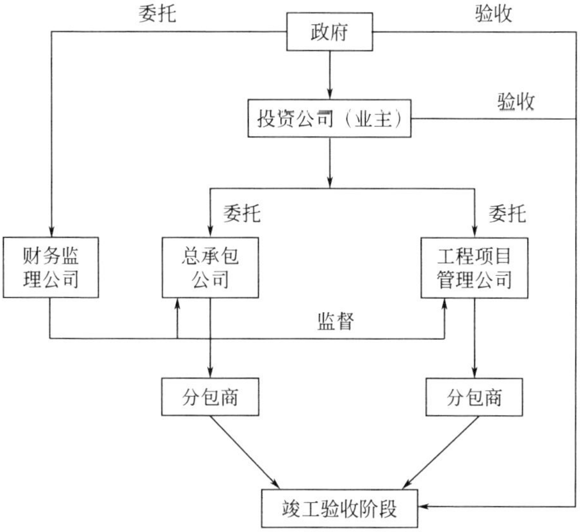

图5-6　投资公司的管理模式

这种管理模式构建了一个政府投资建设项目业主“投资公司”，也就是确立了投资公司的投资主体地位，其是一个拥有投资决策权、投资控制权、投资实施权与投资风险责任承担者的统一体，只有这样才能达到投资效益的最大化。该模式更加注重对政府工程的间接管理，这样可以解决政府在政府投资建设项目管理中角色混淆的问题。政府不再设立专门的管理机构，而是由政府培育市场，依据市场价格机制和竞争机制来进行投资管理和运作。投资公司和工程管理公司均通过市场公开招标竞争，由市场择优确定。政府通过市场培育若干个项目管理公司，形成开放与竞争的格局。充当政府业主的投资公司与政府是一种委托合同关系，项目管理公司与政府或投资公司之间也是委托合同关系。由独立平行的第三方财务监理公司代表政府对项目管理公司行使监管职能。

5.4 建立政府投资建设项目造价管理监管体系

政府投资建设项目监管体系的构建应贯穿项目全过程，从项目建议书开始；政府部门对项目的实施全过程进行监管。政府投资建设项目造价控制的总体框架主要有下列几个要素：决策体制、资金管理、建设管理、咨询服务和监管体制。抓住项目投资控制要素的关键点，就可以有效地实施监管。政府投资建设项目必须通过项目审批、资金拨付和市场服务等环节。我们可以实施三维立体监管体系，如图 5-7 所示，从资金、审批和市场三方面着手，“捏”住项目的“七寸”，达到监管目的。

5.4.1 建立政府投资建设项目资金监管机制

(1) 推广资金集中支付制度

对于政府投资建设项目，目前世界各国普遍采用集中支付制度，其中单一国库账户制度是最为典型的直接支付制度。资金直接拨付管理是指对于政府性投资的基本建设项目，由财政部门将建设资金直接拨付给项目承建商和设备供应商的管理方式，如图 5-8 所示。

直接支付的特点是支付环节的减少，可以有效地避免资金的沉淀，以及建设单位和主管部门私自挪用资金、提高建设标准的现象。

目前我国为了加强政府资金的管理，财政部专门制定了《政府采购资金

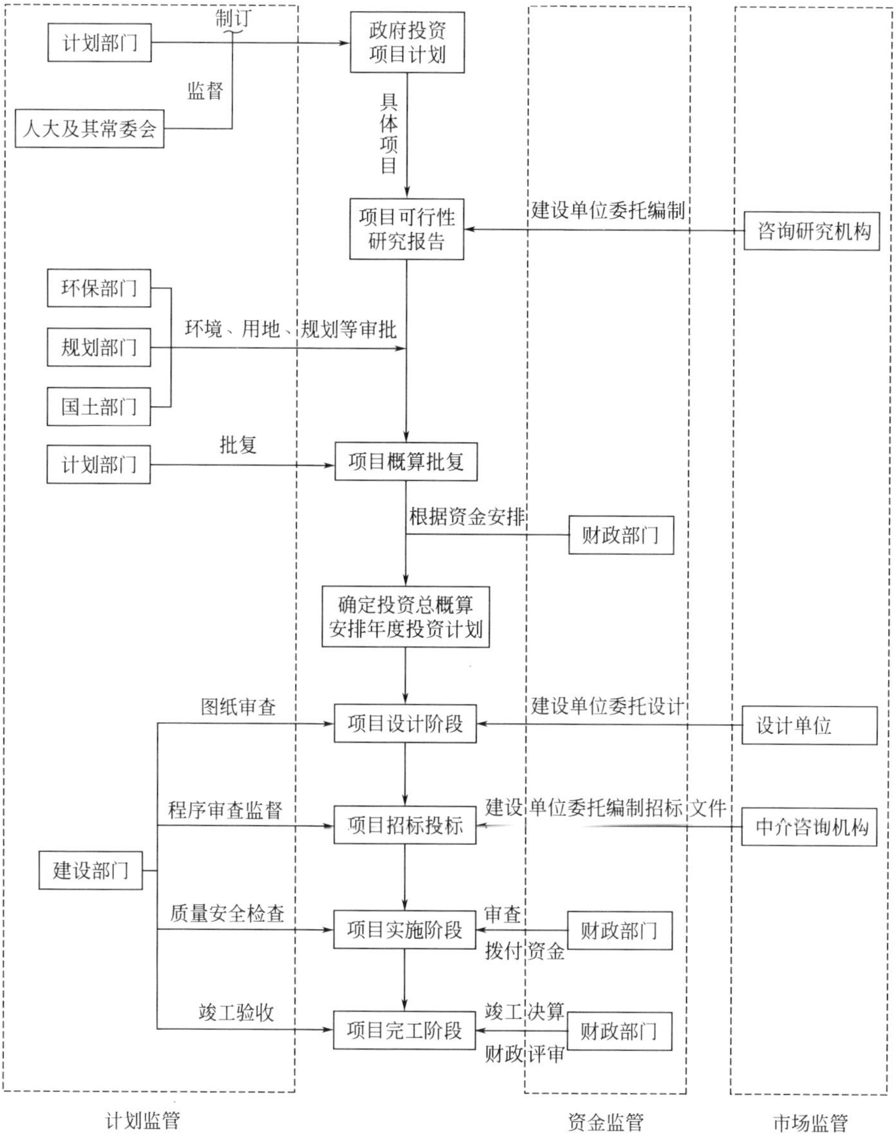

图 5-7　政府投资建设项目监管体系示意

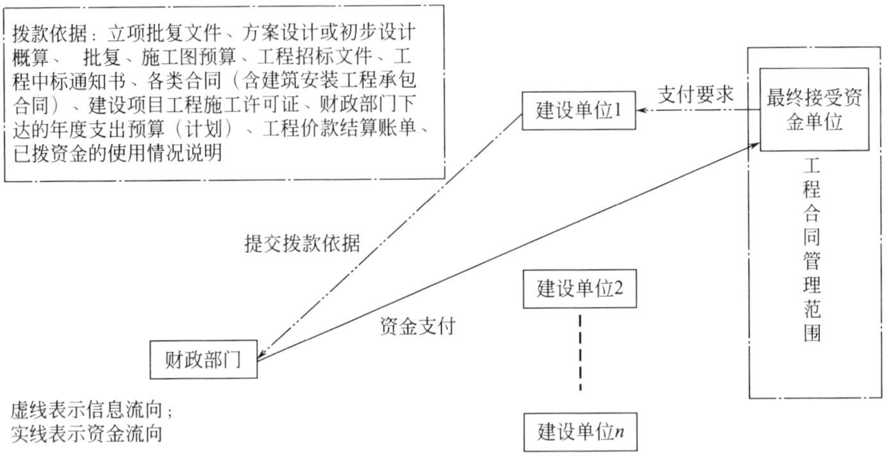

图 5-8 资金直接拨付模式

财政直接拨付管理暂行办法》。政府采购资金实行财政直接拨付和单位支付相结合，统一管理，统一核算，专款专用。政府采购资金财政直接拨付分为三种方式，即财政全额直接拨付方式（以下简称全额拨付方式）、财政差额直接拨付方式（以下简称差额拨付方式）及采购卡支付方式。

全额拨付方式是指财政部门和采购机关按照“先集中，后支付”的原则，在采购活动开始前，采购机关先将单位自筹资金和预算外资金汇集到政府采购资金专户；需要支付资金时，财政部门根据合同履行情况，通过政府采购资金专户一并拨付给中标供应商。差额支付方式是指财政部门和采购机关按照政府采购拼盘项目合同中约定的各方负担的资金比例，分别将预算资金和预算外资金及单位自筹资金支付给中标供应商；采购资金全部为预算资金的采购项目也实行这种支付方式。采购卡支付方式是指采购机关使用选定的某家商业银行单位借记卡支付采购资金的行为；采购卡支付方式适用于采购机关经常性的零星采购项目。

资金直接支付模式强调了统一管理，集中支付的原则，是实现政府采购的需要，是提高政府工作效率的需要，是政府资金使用公开化和公平化的需要。

(2) 拓展财政投资评审制度

为了加强对政府投资建设项目采购的监管，必须在财政部门内部明确一个主管部门，归口管理政府投资建设项目的资金支出。财政投资评审机构是财政部门内部设置的、专门的负责审核的机构，它设立在政府投资建设项目的投资预算控制过程中。

① 财政投资评审机构的评审工作程序是投资预算成立的一个重要和不可缺少的环节，投资评审机构的评审结论是投资估算成立的重要依据。

② 在政府投资建设项目拨款过程中，政府投资建设项目的支付实行集中支付制度，“先审核，后拨款”，将投资评审与资金拨付结合起来，投资评审的结果是资金拨付的先决条件，体现了财政资金的直接拨付，赋予财政投资评审特殊的职能。

③ 在项目结算、决算前由财政投资评审中心进行审查，有利于财政部门与建设单位、工程承包商等及时结清工程尾款，是控制项目总投资的最终环节；有利于监督固定资产形成并交付使用，提高财政部门批复决算的质量。

5.4.2　完善政府投资建设项目的政府监管机制

5.4.2.1　完善项目审批程序

将单一的项目审批制按项目资金来源改为审批、核准和备案三种不同的管理办法，为了规范管理，制定相应的管理办法。这三类项目管理办法的政策界限、主要内容及具体操作过程中应注意以下问题。

(1) 项目审批、核准和备案的政策界限

对于企业投资项目不再实行审批制，对重大项目和限制类项目实行核准制，其他项目无论规模大小，均改为备案制。核准制与审批制有以下本质区别。

① 适用范围不同。审批制只适用于政府投资建设项目和使用政府性资金的企业投资项目；核准制则适用于企业不使用政府性资金投资建设的重大项目、限制类项目。

② 审核的内容不同。过去的审批制，政府既从社会管理者角度，又从投资所有者的角度审核企业的投资项目；而核准制，政府只是从社会和经济公共管理的角度审核企业的投资项目，审核内容主要是维护经济安全、保护生态环境、保障公共利益、防止出现垄断等方面，而不再代替投资者对项目的市场前景、经济效益、资金来源和产品技术方案等进行审核。

③ 审核的程序不同。审批制一般要经过批准项目建议书、可行性研究报告、初步设计、开工报告和竣工验收五个环节；而核准制只有项目申请报告一个环节。备案制，对于大多数企业投资项目，政府将不再审批，而是由

企业自主决策，按照属地分级管理的原则向地方政府投资主管部门备案，有效地实行备案制，政府可以全面掌握投资信息。需要注意的是，无论是核准制，还是备案制，企业都要依法办理环境保护、土地使用、安全生产、城市规划等许可手续和减免税确认手续。

④ 国家已颁布了《政府核准的投资项目目录》，共涉及13大类、67个方面的项目。其中，除需国家核准的项目外，由省级政府投资主管部门核准的有12项，由地方政府投资主管部门核准的有18项。根据项目性质，本着有利于调动各方面积极性，有利于加强宏观调控和监管，有利于提高效率和方便企业的原则，划分省、市、县（区）政府投资主管部门的核准权限，努力确保新制度、新体系高效有序运转。

（2）项目管理办法的区别

① 审批类项目，使用政府性资金的项目。各阶段需要附送的文件如下。

a. 项目建议书阶段：行业主管部门或行业协会初审意见；资金筹措意向资料；建设项目审批部门的项目建议书批复文件。

b. 可行性研究报告阶段：城市规划部门选址意见书；国土资源部门土地使用预审意见；国土资源部门建设用地地质灾害评估报告和是否覆盖重要矿床报告审查意见；环保部门环境影响报告批复意见；水利部门取水许可证、水土保持方案审查意见（重大建设工程）和防洪安全评价审查意见（涉及项目自身防洪安全和对公共防洪设施有影响的工程）；地震部门抗震设防要求审批意见（重大建设工程和可能发生严重次生灾害的工程）；文物管理部门选址审查意见（在文物保护单位和文物古迹保护范围及建设控制地带内的建设项目）；建设项目审批部门招标方案审查意见；咨询评估机构评估意见；电力、供水、供气、供暖等市政配套部门供应意向；建设项目审批部门可行性研究报告批复文件。

c. 初步设计阶段：城市规划部门建设用地规划许可证；消防部门总平面图审查意见；建设项目审批部门初步设计批复文件。

d. 开工审批阶段：建设项目审批部门年度投资计划；消防部门防火审核意见；城市规划部门建设工程规划许可证；国土资源部门土地使用证；人防部门人防工程审查意见；建设部门施工图设计文件审查意见；建设部门建筑工程施工许可证。

e. 竣工验收阶段：建设项目审批部门组织规划、环保、消防、审计等部门形成综合验收意见；建设项目审批部门竣工验收批复文件。

② 核准类项目，企业不使用政府性资金投资建设的重大和限制类固

定资产投资项目。在向发展和改革部门报送申请报告时，需根据国家法律、法规的规定附送以下文件：城市规划行政主管部门出具的城市规划意见；国土资源行政主管部门出具的项目用地预审意见；环境保护行政主管部门出具的环境影响评价文件的审批意见；根据有关法律、法规应提交的其他文件。发展和改革部门主要根据以下条件对项目进行审查：符合国家法律、法规；符合国民经济和社会发展规划、行业规划、产业政策、行业准入标准和土地利用总体规划；符合国家宏观调控政策；地区布局合理；未影响我国经济安全；合理开发并有效利用了资源；生态环境和自然文化遗产得到有效保护；未对公众利益，特别是项目建设地的公众利益产生重大不利影响。

③ 备案类项目，不使用政府投资、政府核准的投资项目目录以外、总投资在50万元（含）以上的企业固定资产投资项目。发展和改革部门依据下列条件对项目进行“合规性”审查：是否符合国家法律、法规和省政府有关规定；是否符合国家和省发展规划、产业政策和投资政策；是否符合行业准入标准；是否属于政府核准或审批而不应实行备案的项目。项目的建设规模、产品方案、资金来源、经济效益、配套条件等由企业自主决策和平衡，但应如实向项目发展和改革部门备案。

5.4.2.2 建立项目后评价制度

目前，我国的政府投资缺乏从决策论证、建设实施、投入运营到后评价进行全过程管理的完善机制，后评估工作是政府投资建设项目的最后阶段。基于造价管理的政府投资建设项目后评估，可以评价已完成的造价管理工作，并发现所存在的问题，从而为以后政府投资建设项目的造价管理工作提供参考，这对政府投资建设项目的造价控制具有重要意义。

后评价主要是为投资决策服务的，即通过评价建议的反馈，完善和调整相关方针、政策和管理程序，提高决策者的能力和水平，进而达到提高和改善投资效益的目的。由于后评价的透明性和公开性的特点，通过对投资活动成绩和失误的主客观原因分析，可以比较公正客观地确定投资决策者、管理者和建设者工作中实际存在的问题，从而进一步提高他们的责任心和工作水平。基于造价管理的政府投资建设项目后评价的主要内容分为项目前期工作的后评估、项目建设实施阶段的后评估。具体内容如表5-1所示。

表 5-1 基于造价管理的政府投资建设项目后评价内容

阶段	主要任务	主要内容	评估参数和分析指标
项目前期	评价前期工作的实绩，分析和总结项目前期工作的经验教训	项目目标的后评估	修改和调整目标需要补做的工作 增加或减少投资 调整后项目造价情况
		项目可行性研究的后评估	项目的目的和目标 项目方案的合理性 项目的效果和费用
		项目评估的后评估	可行性研究报告的主要参数指标 项目实际的结果和费用
		项目决策的后评估	分析项目决策程序、内容、方法的合理性
项目实施阶段	项目合同执行情况分析，工程实施及管理、资金的使用情况分析与评价	工程实施和管理评价	工程计划造价 进度和实际造价 进度的分析报告 工程质量分析报告
		项目资金的使用评价	资金实际来源与预测来源的差异和变化 资金支出的规定、程序和使用的合理性
		项目竣工评价	项目决策阶段确定的进度、费用、质量和风险等有关目标 项目实际的工期、费用、质量

5.4.2.3 落实造价失控责任追究机制

根据《国务院关于投资体制改革的决定》中的要求，政府投资责任追究制度要贯穿于政府投资建设项目周期的全过程，即从政府投资建设项目的决策、管理、建设实施三个方面建立责任追究制度。从长远来看，可以从以下三方面来逐步建立并完善决策责任追究机制。

(1) 政府投资责任追究制度遵循的基本原则

建立政府投资责任追究制度应当遵循如下基本原则。

① 按照权责统一的原则，进一步明确各有关单位的责任，做到各司其职、各负其责。

② 按照科学化、民主化的原则，进一步加强制度建设，完备和严肃投资决策程序，做到责任到人、责任到位。

③ 按照违法必究的原则，进一步明确违反决策程序的处罚措施，做到有错必纠、有责必负。

(2) 各建设行政主管部门的职责设置

① 管理部门的职责设置如下。

a. 计划部门：在规划重大项目和生产力布局，安排财政性建设资金投向等方面履行自己职责；对项目的审批承担责任，着重对项目是否符合国家政策、发展规划和产业政策，是否维护了经济安全和公众利益，资源开发利用和重大布局是否合理，建设资金是否落实，以及建设规模、投资概算是否合理等问题负责。

b. 规划部门：对项目是否符合城市规划要求、选址是否合理等问题负责；对其出具的项目选址意见承担责任。

c. 环保部门：对项目是否符合环境影响评价的法律法规要求，是否符合环境功能区划，拟采取的环保措施能否有效地治理环境污染和防止生态破坏等问题负责；对其出具的环境影响评价文件的审批意见承担责任。

d. 国土部门：对项目是否符合土地利用总体规划和供地政策，项目拟用地规模是否符合有关规定和控制要求，补充耕地方案是否可行等问题负责；对土地、矿产资源的开发利用是否合理负责；对其所出具的项目用地预审意见承担责任。

e. 建设部门：对项目是否符合国家法律法规、行业发展规划以及行业管理的有关规定等审查意见负责；对其提交综合管理部门审批的有关审查意见承担责任。

f. 财政部门：对政府投资财政性资金是否按程序拨款承担责任。

g. 审计部门：对项目实施全过程的建设程序是否合理、资金使用是否规范、有无违规违法行为进行监督并提交审计报告。

② 实施主体的职责设置如下。

a. 建设单位：对政府投资建设项目的申报程序是否符合有关规定、申报材料是否真实负责；对其所提交的有关申报材料的真实性承担责任；对项目资金管理和工程质量负主要责任。

b. 勘察、设计单位：对项目的勘察、设计方案的经济性、安全性、合理性负主要责任。

c. 监理单位：对项目的质量、工期和造价负重要责任。

d. 代理、咨询等机构：对所编制的项目建议书、可行性研究报告等项目前期资料的真实性和科学性负责，对造价咨询评估结论承担责任。

（3）落实政府投资责任追究制度的配套机制

政府投资责任追究是一项系统工程，要求相关主体增强责任意识，严格按照有关法律规定的权限和程序行使权力、履行职责，在行使权力的同时，承担相应的责任。增强责任意识，加快配套机制改革。

① 建立政府投资建设项目违规行为处理结果的公示制度。建立由监察、建设、财政、审计、检察、工商等部门参加的联席会议制度，增进各部门之间的信息沟通和工作协调机制。对违规事件、责任主体，以及具体的核查、处理情况进行公示，接受群众监督。

② 建立政府投资建设项目后评价制度。项目后评价是通过对已完成的政府投资建设项目的功能性、经济性、技术性、环保性等方面的评价，从整体上对项目进行有效的监督，涉及项目的决策、实施、竣工和运行的全过程。后评价制度是建立政府投资问责机制的重要依据。

③ 创新管理模式，推行代建制。对非经营性的政府投资建设项目可设立专门的管理机构进行管理，制定科学的制衡机制和完善的约束机制，从体制和机制上约束各个主体，避免因制衡机制缺损而出现监管的失控。

5.4.3 加强政府投资建设项目的市场监管机制

5.4.3.1 强化招投标全程监管

招标、投标对于获取最大限度的竞争，提高公共采购的透明度和客观性，促进采购资金的节约和采购效益的最大化，杜绝腐败和滥用职权，都具有至为重要的作用。不仅施工要招标，勘察、设计、监理和设备采购都应招标，从而选择好的承包商，确保工程质量，控制造价。按照国际惯例，政府投资建设项目应采取程序规范、公开透明的公开招标方式。对投标人只要求资质条件和能力，不做地域等附加性限制。我国应逐步建立政府投资建设项目认可的承包商名册，建立政府投资建设项目工程招标信息指定媒体，强化政府投资工程计价依据的管理。

(1) 加强评标过程管理，规范评标行为

建立和完善评标专家抽取系统和专家责任制，对评标专家的出勤情况和评标活动进行记录和考核；借用自动评价模块，对投标人的报价是否合理进行分析和判断，减少目前评标过程中的随意性过强的问题发生。为保证评标活动的客观公正，政府投资建设项目的招标人一般不得委派代表参加评标委员会。对于特殊招标工程，经市级以上建设行政主管部门批准，可以委派不超过评标委员会成员总数三分之一的代表参加评标，且委派的代表应当具备评标专家的相应条件。

(2) 采取有效的对策和措施，防止串标、围标

① 严格执行公开招标，推行资格后审，促使市场充分竞争，大幅提高

围标成本。政府投资建设项目必须严格实行公开招标，不能排斥潜在的投标人，同时，改资格预审为资格后审，凡符合报名条件的投标申请人均可参与投标，将投标人的数量从几家增加到十几家，使有围标企图的企业围标成本大幅增加，降低围标的可能性。

采用资格后审的招标工程，招标文件中应设立专门的章节，明确合格投标人的条件、资格后审的评审标准和评审办法，并将该章节内容在招标公告中载明。对于采用资格后审的工程项目，招标人不集中组织答疑。投标人对招标事宜的质疑以不署名的形式书面提出，招标人根据质疑内容，应当按照规定的时间在相关网站上统一答复。投标人不集中组织现场踏勘，但应在招标文件中明确告知招标工程的具体位置和周边环境，并在现场设置足以识别的相应标识，投标人可根据情况自行进行现场踏勘。

② 出台最高限价措施。政府投资建设项目招标应编制工程预算价，工程预算价应由具有执业资格的注册造价工程师依据工程量清单编制规则、现行计价依据、合理的施工组织方案及市场价编制完成，并加盖其注册执业章和所在单位公章。编制单位和负责编制的注册造价工程师应当对工程预算价的准确性、完整性负责。招标人可按照工程预算价和合理的下浮比例设立投标报价的最高限价，在预防和遏制串通投标、哄抬标价行为的同时，给投标单位留有一定的竞争空间。投标报价超过最高限价的，不得推荐为中标候选人。最高限价不能根本解决串标、围标行为，但可以在一定程度上减少国家的损失。

③ 加大对串标、围标行为的打击力度。串标、围标行为的后果严重，但当前法律规定对该类违法行为的处罚金额过低，即违法成本过低，地方政府可以根据相关违规行为的影响程度适当提高处罚金额；同时，由于完全清理资质挂靠行为目前很难实现，因此应该提高对资质外借企业的处罚力度，一旦其挂靠人参与串标、围标，则挂靠企业5年内在全国范围均不得投标，同时降低或注销企业资质。

为从源头上预防围标、串标行为，投标方的法定代表人或其委托代理人应当在投标文件中做出承诺和声明，承诺投标中不提供虚假材料，不参与围标、串标等，并声明认同资深评标专家组成的评审委员会对其是否存在围标、串标行为的认定，一旦违背声明承诺，将无条件接受招标人、市招标办做出的取消中标资格、解除合同、没收投标保证金等处理。

（3）设立低价投标调查制度，引导合理低价投标，预防超低价中标

设立具有可操作性的成本价判断方法。设立低价投标调查机制，要求投

标方做出合理的解释，以确认投标者是否有能力以投标价格承担工程，同时做出详细的书面承诺，避免施工中相互推诿责任。可以采取以下两种办法。

① 在难以界定准确成本价的情况下，可以在招标文件中人为设定“参考成本价”，规定最低价超过次低价（或所有投标人平均报价）的一定百分比则为废标，这样可以防止施工单位盲目降低投标价。

② 在目前国标清单计价模式下，清单项目的成本价较难把握，也可以由造价管理部门重点分析国标清单和定额计价模式的组合比较，确定常见项目单价的参考价。专家在判断是否低于成本价时，将清单项目的总价占投标总价的2%以上的项目都与该参考价进行比对，若单价低于该参考单价一定比例，即可判断为低于成本价的不正当竞争。

(4) 设立资深专家库，解决评标过程中的难点问题

为建立科学有效的管理机制，在评标专家分类管理的基础上，实行分层分级管理。由市级以上建设行政主管部门组建资深评标专家库，为招投标监管部门决策和解决评标过程中出现的争端、技术难题、有关纠纷，以及围标、串标嫌疑的认定等提供帮助。招标办根据监管工作的需要召开资深评标委员会会议，并根据会议情况做出相关决定。资深专家门槛应加高，人数少而精，不受条条框框限制，独立工作，可以解决很多管理部门难以解决的问题。

(5) 构建计算机辅助评标体系

推行电子标书和计算机辅助评标系统的目的，是在工程量清单招标的环境下，利用现代信息技术在评标环节中解决公平与效率的问题。可以采用“电子标书系统+评标系统”的设计方案及“原标回递、以光盘为介质”的开发模式。招标人或委托的代理机构通过电子标书系统生成加密的电子招标书光盘，随招标文件一并发给投标人；投标人通过公开数据接口将投标资料刻录入招标人的电子光盘，形成电子投标书随投标文件提交开标和专家评审。推行计算机辅助评标体系的意义主要有以下三方面。

① 体现评审的优质高效。电子计算机辅助评标是对传统评标工作的一场革命，运用计算机的筛查、统计、分析对比功能，可以极大地简化评标专家在符合性检查和初步评审阶段的工作量，也保证了筛查、统计、分析的内容不受人为因素的影响，使专家在有限的评审时间内能集中主要精力用于详细评审、分析投标文件，对投标报价的合理性，结合投标人的澄清、说明，做出分析判断，发现和防止恶意低价抢标、恶意串标、极度不均衡报价等违法违规行为，保护招投标各方主体的利益，保证评审的公正和质量。

② 强化专家责任制。目前专家在评审过程中只要口头发表意见即可，具体评标报告由招标代理人员完成，难以体现专家的独立评审能力。评标系统为每位专家配备单独的电脑终端，供专家独立评审并记录评审数据，有助于专家充分发挥作用，也在一定程度上改变目前专家评审权责不一致的现状。

③ 为网上招投标奠定基础。通过推行电子标书和电子评标系统，使所有招投标数据和评标数据永久记录备案，为开发网上评标和网上招投标奠定基础。这有利于数据的整理和开发，形成工程造价的各项技术指标，进一步规范市场报价。

5.4.3.2　培育成熟的咨询服务行业

发展中介机构、培育咨询市场，可以使政府投资建设项目享受到完善、严密的造价管理服务。而工程造价管理是建设行业中一项非常重要的工作，是建设领域实行科学管理、合理有效使用资源、规范建设市场秩序、促进科学技术进步的重要手段。政府应该从以下几方面入手，加强对工程造价咨询行业的引导和管理。

(1) 严格工程造价行业的准入条件，规范造价咨询的执业环境

从事工程造价咨询活动，应当遵循公开、公正、平等竞争的原则。任何单位和个人不得分割、封锁、垄断工程造价咨询市场。经过十多年的发展，一些自主经营的造价咨询机构通过有限责任制、合伙制等多种组织形式发展起来，成为建筑市场工程造价管理的重要力量。严格执行工程造价准入条件，使造价咨询机构客观、公正、独立、科学地开展业务活动，诚信执业的造价事务所才能在激烈的市场竞争中生存下去，从而达到优胜劣汰的目的。

(2) 建立符合国际惯例的工程造价咨询机构和责任赔偿制度

由于我国目前的工程造价咨询机构均为承担有限责任的公司，许多公司为承接业务不惜编制虚假造价文件，因此其公正性地位严重受损。为解决这个问题，应建立与国际惯例相一致的工程造价咨询机构，由取得工程造价师资格的人员以合伙人的形式成立对债务承担无限责任的工程造价咨询机构；对目前已经成立的工程造价咨询机构也可改制为无限责任公司，从而在机制上制约工程造价咨询机构。为解决目前造价咨询机构提供虚假信息的状况，国家应尽快制定工程造价咨询业的专业责任赔偿办法，使工程造价专业人员或机构产生错误后负担赔偿责任。

(3) 建立行业自律机制

成立我国自己的造价师协会，实行行业自律，对出现重大错误的工程造

价从业人员或机构要予以严惩，在下一次注册或年检时淘汰出局。通过完善建设项目的价格形成机制，规范介入工程造价管理各相关主体的行为。

5.5 完善政府投资建设项目的法律法规体系

5.5.1 完善法律体系

针对目前我国在政府投资建设项目法律规定上的种种矛盾和冲突，必须对现行立法进行一次系统的整理和规范，在整理上必须严格树立统一立法的指导思想。在处理法律冲突上，应当坚持所有的法律、法规和规章都必须服从宪法，以及所有的法规、规章都必须服从法律的原则，以维护宪法和法律的权威在处理同位法规冲突时，应当坚持以上位法为准、特别法优于一般法和新法优于旧法等适用原则。就目前《招标投标法》和《政府采购法》的冲突来说，由于存在特别法和旧法叠加问题，尚需引入裁决、改变和撤销机制，因此建议设立专门的政府采购法规的协调机构。该机构的级别至少是国务院以上的，专门处理政府采购法规间的冲突问题，以保证政府投资建设项目采购法规体系的协调统一和政府采购目标的实现。

在此基础上，再针对目前政府投资建设项目采购领域中出现的种种问题，有的放矢地制定一些相应的法律法规，完善法律体系，以杜绝各方面的漏洞，确保政府工程采购的各个方面都受到法律的规制。从目前来看，需制定的法规主要有对供应商准入的规定、对采购官员和从业人员资格的规定，以及采购专家库管理规定等方面的法规。

除此之外，还需制定一些对具体工作有指导性的制度，如制定《政府工程采购指南》，详细介绍政府工程采购活动的操作程序和要求，制定采购文件的标准范本，对招标邀请书、合同条款、技术规格、投标和合同履约保证金、投标报价表、资格证明文件等制定统一的格式，使采购文件标准化、规范化。

5.5.2 依法理顺政府投资建设项目采购的管理体系

政府投资建设项目的采购涉及财政、建设、计划、国土、审计等众多的政府职能部门，要充分发挥政府工程采购的效能，关键是要理顺政府投资建设项目采购的管理环节，明确各职能部门的权力界限和管理职责。在政府投资建设项目采购实践过程中，财政与计划、国土、审计、环保等部门的职责权限较为清楚，下面主要探讨财政与建设两个部门之间的关系。

从管理职能来看，一方面，建设行政部门拥有对本地区建筑行业统一管理的职责和权力，经过多年的运作，已经形成一整套对建筑市场的管理体系，包括建设工程的登记报建、图纸审核、招投标活动、质量安全监督、工程造价管理等行政性管理办法和措施；同时，建设行政部门在建筑市场、技术等方面也积累了丰富的管理经验，具有不可替代的作用。另一方面，财政部门也相继建立了一整套关于政府投资建设项目采购的法律体系和健全的管理、执行和监督体系，也初步形成了一套管理制度。

从各地政府投资建设项目的招标采购实践来看，有许多省、市的建设行政部门专门成立了建设工程交易中心，并出台了一些地方性文件和规定，要求一定金额和规模范围内的工程招投标活动必须统一纳入其监管范围，甚至对采购方式的确定、供应商的产生、专家的抽取、招标文件和评标办法的审核备案等都做了详细的规定。而有的地区则形成了以政府采购中心为主导的政府投资建设项目招标采购体制。如上海市规定，政府采购中心应在财政局、建设行政主管部门、审计局、监察部门等有关部门的监督管理下，在项目报建、招标和实施阶段遵守国家法律及地方法规，组织实施项目的招标采购。

解决财政和建设两部门在政府投资建设项目的采购管理职能上的重叠问题，要从近期和长远两个层次来考虑。近期，应当禁止出现“一件事两家管”的局面，做到“一进一退”，或者以建设部门为主导，或者以财政采购部门为主导；而从长远考虑，则应通过立法的形式，明确规定专职的政府投资建设项目采购机构及其主要职能，同时对现行建设管理体制做出相应的调整，明确建设行政主管部门要在工程技术、建筑市场、质量安全监督等方面为政府工程提供服务。

5.5.3 加强不正当竞争的法律规制

为了有效地改善当前政府投资建设项目采购上的不正当竞争局面，应重点从加强法律规制的角度出发，通过法律漏洞的弥补、有效监督、提高违法成本等手段来确保政府工程采购的公平竞争。

（1）加强公开原则的全面贯彻

目前政府投资建设项目采购的一些不正当竞争现象，究其根源，很大原因是不够公开透明而产生的。若真正贯彻公开原则，一些不正当竞争行为就会在众目睽睽之下则无处藏身。因此，公开原则是杜绝不正当竞争的基础。

《招标投标法》及《政府采购法》通过加强对采购环节的规定，对减少各类不公正现象起到了极大的作用。但是，由于两个规定还有缺陷，不公开现象仍时有发生，因此，尚应增加以下两方面的具体规定。

① 细化资格预审的有关规定。现《招标投标法》及《政府采购法》仅对投标人的资格审查做了原则性的规定，建议应明确区分资格预审和资格后审，对资格审查的内容、方法做出详细规定，并规定招标人在进行资格审查时，不得改变或补充载明的资格审查标准和方法，或者以没有载明的资格审查标准和方法对潜在投标人或投标人进行资格审查。

② 完善信息披露制度。目前国家发展和改革委员会和财政部均制定了有关信息披露方面的规定，但从实践来看，尚需加强项目情况尤其是资金到位状况、开标过程和评标环节上的信息披露，确保信息在整个招标过程中的披露是全面和完整的。通过全面的信息披露，确保整个招标采购过程的透明性，并时刻处于大众的监督之下。

(2) 建立并完善承包商资格准入和管理制度

在政府投资建设项目中，确保能选到较好中标人的一个重要环节是承包商的资格审查和准入。目前我国主要通过资质管理和资格预审等手段来实现，但这些方法尚无法解决目前普遍存在的挂靠、围标、串标等现象。在这方面可借鉴美国等国家的做法，即通过建立科学的承包商资格准入和管理制度来约束供应商。

(3) 改善评标办法

我国政府投资建设项目招标采购的相关法律、法规规定了综合评分法、最低投标报价法和合理低价中标法三种主要评标方法。目前，为了加强廉政建设，对综合评分法进行了严格的限制；合理低价虽能体现公平原则，但无法体现科学性；最低价中标法往往导致恶性竞争，没有体现政府采购“物有所值”的基本原则，也与国际通行的最低价中标的惯例相违背。

应当以推行《建设工程工程量清单计价规范》为契机，推行两阶段招标。第一阶段通过技术、业绩、信誉标书的评审，确定不少于三家投标单位进入第二阶段的经济标书评审；第二阶段以最低报价者为中标人。这样不仅能选到“质优价廉”的承包商，而且较为公正，同时也能避免恶性竞争。

5.6　健全决策机制

改进政府投资建设项目管理，关键是要改进政府投资建设项目的决策管理。应进一步完善和坚持科学的决策规则和程序，提高政府投资建设项目决策的科学化、民主化水平；政府投资建设项目一般应经过符合资质要求的咨询中介机构的评估论证，咨询评估要引入竞争机制，并制定合理的竞争规则；特别重大的项目还应实行专家评议制度；逐步实行政府投资建设项目公示制度，广泛听取各方面的意见和建议。

（1）建立政府投资建设项目专家论证系统，构建专家论证评估指标体系

做好政府投资建设项目的决策管理，应本着系统思考、谨慎决策的原则，以科学、完整的理论方法作指导，努力探索出一套既符合国际通行做法，又具有我国特色的政府投资建设项目评估理论和方法。要建立独立于政府之外的政府投资建设项目专家论证系统，构建专家论证评估指标体系，主要包括技术方案的选择，经济、政治、社会、生态等方面的效益及风险评估，从项目的目标选择、技术方案的设计与选择、技术经济指标的确定等方面进行系统分析和评价。要根据不同项目，选择不同的评估指标体系，加强其中投资效益评价权重，以提高政府投资建设项目的准确性、合理性、科学性和效益性。

（2）培育为投资决策服务的咨询服务体系

提高政府投资建设项目的决策管理水平，要放开政府投资建设项目咨询服务市场，使之市场化、社会化和法治化，形成各种经济类型、各种经济成分的项目咨询服务机构公开平等竞争的格局。根据我国情况，应着力建立三大类咨询机构：一是为宏观决策服务的咨询机构；二是为建设项目编制项目建议书、可行性研究报告等设计文件服务的咨询机构；三是为建设项目实施阶段服务的咨询机构。各类咨询机构都应当面向市场、公平竞争、独立评估，并逐步面向国际市场。为了克服可行性研究本身的客观性问题，可以由项目发起单位向社会公开招标，由与该项目受益对象无利益关系的专业咨询服务机构来完成。

（3）决策责任追究制度

政府财政投资的决策者应该对所做出的决策承担相应责任。通过建立项目后评价等手段建立政府投资建设项目决策问责制度，对于由主观原因造成决策失误的，应追究主要决策人的行政和法律责任。另外，还要对相关技

术、经济、设计方案的选择评估过程，建立责任到评估咨询机构、到责任人的跟踪评估反馈体系。对重大咨询评估错误，造成政府投资建设项目决策失误和损失的咨询机构和个人，给予罚款、取消资格等相应的处罚，以促进其提高咨询评估的水平和责任心。

（4）重大项目公示制度

要减少政府投资的决策失误，关键是最大限度地减少政府公共权力的作用范围，更大程度地通过市场和社会公开、民主的形式进行项目决策、审批与建设。公众与社会的参与是保证公共投资符合公共需求的保证，特别是在政府投资建设项目的决策阶段，更应体现公平性、公开性和民主性原则。因此，为了有利于项目决策的民主性、科学性、合理性，对公益性重大建设项目，以及对社会、经济和环境有重大影响的项目，应当建立公示制度。公示是指在一定范围和期限内，向社会公布被公示主体或行为的有关情况。公示对于规范相关主体的行为、落实公众监督权、扩大决策民主化和增加透明度，发挥了积极的作用。

5.7 建立完善的政府投资建设项目工程造价服务系统

（1）建立造价信息积累制度

1991年，国家建设部印发了《关于建立工程造价资料积累制度的几点意见》，标志着我国的工程造价资料积累制度正式建立起来，工程造价资料积累工作正式开展。建立工程造价资料积累制度，是确定工程造价计价依据极其重要的基础性工作。据了解，国外不同阶段的投资估算，以及编制标底、投标报价的主要依据是单位和个人所经常积累的工程造价资料。全面系统地积累和利用工程造价资料，具有十分重要的意义。

工程造价资料积累的工作量非常大，牵涉面也非常广，主要依靠国务院各有关部门和各省、自治区、直辖市建委（建设厅、发展和改革委）组织。

已完工程的造价信息资料是工程造价管理工作的基础资料，合理将其利用不但能研究工程造价变动的规律，还能经过分析、整理得出相应的价格指标，企业可将其作为投标报价的参考；国家可将其作为编制定额、控制投资的依据。工程造价信息资料的积累工作是招标、投标管理中的一项基础工作，全面系统地积累和利用工程造价信息资料，建立稳定的工程造价信息资料积累制度，对于加强招标、投标管理，合理确定和控制工程造价具有十分重要的意义。

开发应用程序，利用计算机协助工程造价信息资料的收集、整理是计算机应用与工程造价工作的又一重要任务。目前有些工程造价应用软件已经具有自动收集、整理信息资料的功能。软件在设计时就采用独立的文件，以项目为单位存储工程数据，包括全部原始数据、中间结果、最终计算结果等，保证了工程项目数据的完整性。并且数据脱离原有软件后仍能有效使用，还能自动通过网络传达工程数据，与其他任意办公、应用软件及数据库接口。

（2）数据库建立和网络化管理

任何一个工程都不是独立存在的，都要随时接收不同的参考信息。为适应招标、投标快速报价的需要，科学地进行工程价格评估，使招标、投标工作自动化，还需要利用互联网收集各类已完工程资料，建立历史数据库。该库应存有各类工程在不同年度、不同施工阶段中的各种相关数据。通过整理、分析历史数据，指导工程造价管理工作。

另外，及时从互联网上直接下载最新的材料价格等信息，将工程与网上数据库中的类似工程进行对比，进行合理性验证，必然能够提高工程造价管理的科学性。

积极推广使用计算机建立工程造价资料的资料数据库，开发通用的工程造价资料管理程序，可以提高工程造价资料的适用性和可靠性。

要建立造价资料数据库，首要的问题是工程的分类与编码。由于不同的工程在技术参数和工程造价组成方面有较大的差异，因此必须把同类型工程合并在一个数据库文件中，而把另一类型工程合并到另一数据库文件中去。为了便于进行数据的统一管理和信息交流，必须设计出一套科学、系统的编码体系。

有了统一的工程分类与相应的编码体系之后，就可由各部门、各省市定额站负责数据的搜集、整理和输入工作，从而得到不同层次的造价资料数据库。利用网络建立工程造价数据库，一方面，要求数据提供者通过互联网的接口将数据上传，包括材料的供应商与工程承包商；另一方面，数据使用者能够利用软件与互联网的接口将需要的数据下载。所以，工程造价应用软件必须提供软件之间、软件与互联网之间的接口，实现即时数据的上传与下载，这是网络时代对软件的新要求。

另外，随着网络的普及，网上软件的应用需求也会随之增加。网上租用可随时获得最新软件成果、可靠的数据支持与准确的计算结果，同时又是降低软件成本（包括用户使用成本、发行成本、销售成本等）的有效方法。用户可根据各自账户上网，在网上直接完成投标报价工作，并及时将投标文件直接发送给招标方，满足了投标工作的时效性要求。

工程造价工作应该将信息处理的范围扩展到相关系统，如企业定额编制系统、投标报价系统、施工管理系统、材机数据收集系统、工程造价数据收集系统、造价指标系统、工程设计的其他设计过程。例如，可以和CAD系统融为一体，凡是使用CAD系统绘图的工程可以直接利用CAD软件计算出工程量，然后借助局域网传输到工程造价应用软件上，再根据结构部位及尺寸等方面的要求，自动在价格信息资源库中按取数据进行计算。企业定额直接传给投标报价系统，企业管理系统中的数据又可进入造价信息收集系统，指标系统又可对报价工作进行检验和指导。这样不仅确保了设计数据的一致性、准确性，而且还大大地提高了招标、投标工作的自动化水平，从而实现计算机技术应用的集成化与系统性。

5.8 建立严格的市场准入制度

5.8.1 代建单位的准入

（1）构建代建人注册体系

建议我国可引入英国的承包商注册体系和晋级制度。所有具有承接政府投资工程资质的单位都可以向政府部门提出书面申请加入该体系，不论该单位是纯商业企业，还是与政府部门有关联的单位，都按照统一标准进行审核，通过审核的单位可以列入该体系名册，以后的政府投资工程的承接者或是代建单位，必须从此名册中进行招标，名册之外的，没有投标资格。

这样虽然在确定名册时政府的工作量较大，但是一旦确定名册，以后的招标甄选过程就大大减轻了工作量。而且由于被选单位都是经过审核的，中标单位的能力更有保障。此外，此名册并不是确定之后就不再更改，如果有单位认为自己有实力，可以随时申请加入，通过审核后也可列入名册，名册中的单位要进行定期审核，不符合条件者，即被剔除名册。

把政府投资工程按规模和投资量，分成中小型政府投资工程和大中型政府投资工程。在评审过程中，实力特别雄厚的单位可直接承接大中型政府投资工程；实力不是特别强的，只能承接中小型政府投资工程，待日后实力有所增强了，可再提出申请晋级，通过审核后，可以承接大中型政府投资工程。

（2）建立“黑名单”制度

通过注册体系一段时间的运行后，如果发现哪些单位有不道德或是不诚实的行为，以及在过去的政府承包合同执行过程中有过表现极其不良或者不可接受的情况，该单位就有可能被列入政府投资工程的“黑名单”。

被列入黑名单的单位，将从注册体系的名册中剔除，并且根据情节轻重，规定该单位在一个年限内不得申请加入该名册。将被列入黑名单的单位，有权提出异议，政府可组织听证会，允许该单位参加。在会上，该单位可以列举证据辩驳提议，经仲裁后，决定是否正式将其列入黑名单。

5.8.2 对于执业人员的管理

（1）行业协会的作用

① 建议各行业协会建立执业人员资料库。资料库由两部分组成。第一，凡是有执业资格的行业协会会员都应在此资料库中进行备案；第二，资料库中还应有各个政府投资工程的备案，并总结此工程成功的经验和尚待改善之处。这样，既便于对行业中执业人员的管理，对于以后的政府投资工程，又多了许多可借鉴的东西。特别是在数据资料方面，有了准确可靠的依据，对于将来的投资控制等各方面都大有益处。

② 要使执业资格考试更加合理化。出现“会干的人考不到证，考到证的人不会干”的现象，主要还是因为有多年施工经验的人由于文化水平不高，在考试过程中有较大的困难，而许多刚刚毕业的人通过背书考到了执业资格证书。建议执业资格考试可以采取两张卷的做法，对于文化水平较高，但是经验并不是十分丰富的人考第一张卷；对于施工经验十分丰富，但是文化水平有限的人考第二张卷。在接受报名的时候，要严格审核报名者的工作经验，并且在出题时多出主观题、开放题，尽量杜绝只靠背书就能考到证书的现象。

③ 行业协会是商品经济发展的产物，它是随着社会竞争的日益激烈，为协调行业间人与人之间的关系而形成的。我国的行业协会多数具有半官方的性质，没有独立自主的社会地位，以开展学术活动为主，而不负担实物性业务，由于各种非正式约束而不能真正发挥作用。因此，应该使行业协会和政府部门脱离关系，使其真正拥有独立的社会地位，多负担实物性业务。这样，使政府和行业协会对于执业人员的监管从“单枪”变为“双枪”，双管齐下，必能取得更好的效果。

（2）社会担保方面

应大力推行职业责任保险制度，因为专业人士提供的服务是基于自身知识和技能的，人的有限理性的存在造成了咨询服务的风险。如果没有健全的责任保险制度，就难以对专业人士的行为实行有效的激励和约束。

可以大力推行购买专业人士责任保险。专业人士责任保险的费率根据专业人士的信誉、业绩进行动态调整。如果专业人士玩忽职守，出现重大失误，则保险对他的费率将提升，当提升到专业人士无法接受的程度，这位专业人士的职业生涯即告结束；同样，如果该专业人士在相当长的一段时间里无论是在业务上还是在职业道德上都保持了很高的水平，其保险的费率也会相应下降。这样，通过市场竞争机制、服务信誉来淘汰不合格的专业人士，从而实现专业人士的自我约束和自律机制。

5.9 建立配套的投资项目及全社会诚信敬业约束机制

市场经济是诚信经济，诚实信用是市场经济的动力和源泉。但在我国新旧机制转轨、东西方观念碰撞的市场经济初级阶段，约束、惩治失信行为的法规制度不够完善，配套治理措施跟不上，失信用、无信誉、轻信义的问题比较常见。在政府投资建设项目中，钓鱼申报、串通投标、人情批示、有诺不守、拖欠款项、假冒伪劣、偷工减料、逃避债务等背信现象时有发生。搞好公共预算建设项目的管理控制必须在广泛倡导诚信观念、培植全社会诚信机制的基础上进行。

（1）构建诚信机制，政府诚信是表率

在政府体制改革中，应当以诚信政府为核心，把公共工程建成诚信工程，把公共预算建设项目做成诚信项目，提高政府的信用度和影响力，增强人们在政府领导下建设社会主义现代化的自信心和凝聚力。政府不但要通过自身的诚信起到表率、示范作用，而且要通过发挥政府的领导、主导作用，治理企业和个人的信用缺失行为，提高社会的信用度，使诚信、守信成为社会风气和行为规范。

（2）构建诚信机制，应当德治与法治相结合

要加强诚信道德建设，确立竞争与合作的市场双赢意识，形成与市场经济发展相适应的健康、和谐、文明的思想道德氛围，提高全民的信用观念和意识，使诚信道德深入民心。加强信用意识和职业道德教育，营造敬业爱岗、忠于职守、诚实自律、守信光荣的社会环境。同时，要健全社会诚信的

法律约束机制。

（3）构建诚信机制，必须培育规范的信用评价市场

信用评价是以调查、征集所得的信用主体的大量信息为基础，运用科学的评价方法和信息处理技术，加工以信用主体资信报告为基本形式的信用产品。信用评价结果可以直接反映信用主体信用状况的好坏，影响信用主体的切身利益，在社会诚信机制中具有重要的地位。为了构建整个社会诚信体系，必须高度重视信用评价行业的发展，积极培育信用评价市场。政府要大力扶植和监督信用中介服务行业的发展，同时监督市场经济主体间依法公平、公正地披露信息，使取得使用信息的义务和权利得以实现，保护公平竞争。同时，加快信用评价部门自身队伍的建设，提高造价从业人员的基本职业道德素质，加强行业协会等民间机构的自律管理，完善政府的信用监管机制。

（4）构建诚信机制，要不断完善社会信用的奖惩激励机制

发达国家的经验证明：依法设置完善的奖惩机制能够杜绝绝大多数商业欺诈和不良动机的投机行为，使守信用的企业保持良好的信用记录；能帮助遵纪守法的企业树立良好的社会形象，增大其市场交易中的无形资产，获得更多的商业利益；将不守信用的企业的信用情况记录在案，并根据其情节严重程度，在一定时期内阻止其再度进入市场。因此，必须要建立完善的社会信用奖惩激励机制，使失信的成本超过失信的收益，守信的收益要大于守信的成本，引导社会向诚信方向发展。

（5）构建诚信机制，要不断加强社会诚信披露机制的建设

目前，我国信用信息分散，且被严重屏蔽。绝大部分信用信息分散在银行、工商、税务、海关、公安、司法、财政、审计、证券监管、质检及环保等政府部门手中，不能合理、充分地流动，形成一个个“信息孤岛”，信用专业机构难以全面得到相关数据和资料，难以进行商业化、社会化和公正独立的信用调查、评级、报告，以及提供信用管理服务。应当打破这种局面，建立、统一规范的信用记录、管理、使用、披露及监控的制度与机制，建立政府信息公开制度和企业信用公共信息平台，实现社会对政府、企业信息查询、交流与共享的社会化，充分为社会服务。应当借助高效的网络平台，建立社会信用信息库，开展信息查询、征信委托等网上交易和服务，使信用信息需求得到方便、快捷、及时的满足。社会信用信息的网络化征集、传递、披露和公开交易，势必对失信行为产生有效的遏制和约束作用，增强市场主体的诚信意识。

5.10 注重高素质的投资管理人才的培养

（1）确定不同的人才培养层次

政府投资建设项目投资管理人才应是具备工程专业知识、经济和管理知识与实践经验的高素质复合型专业人才，能熟练运用所掌握的知识和专业技能，从事工程的造价管理。结合我国的实际情况，造价管理专业人员可分为以下三个不同的层次。

① 基层人才。此层次的从业人员具有工程技术和工程经济的基本知识，为基层工程造价管理人员，主要能熟练准确地编制和审核工程的概算、预算、结算和决算，并且能对造价进行技术和经济方面的分析，提出合理化建议。其基本人员组成就是分布于大量建筑施工企业、有上岗资质的工程预算员。

② 中层人员。此层次人才的最低身份为注册造价工程师。他们在基本业务素质的基础上，能准确地对工程造价进行分析，并采取一些切实可行的方法，有效地控制工程造价，还能胜任项目管理、合同管理、中小项目的可行性研究等工作，并具有一定的国际工程管理知识和技能，能参与国际工程的管理。该层次的人员主要为政府的管理部门、投资机构、工程单位的技术骨干。

③ 高层人才。这类人才为高级专业管理人员，为资深注册造价工程师，主要从事一些大、中型建筑工程的全面投资管理工作，包括项目的决策、工程造价的确定与控制、项目与合同管理等。他们在本专业有丰富的知识和实践经验。他们能积极地为政府的决策当好参谋，对规范工程造价管理行业行为，研究、建立并完善行业制度和行业管理，以及促进行业改革与发展起主要作用。他们还应具有丰富的国际工程管理的知识和经验，可以参与国际上重大项目的竞争。这类人才主要分布于投资机构、中介咨询机构和工程单位等；政府部门中从事有关国家投资体制设计、行政法规制定的相关人员也属于此类专家。

（2）完善我国造价工程师职业资格认证制度

目前，我国的工程造价管理人员还不能进行全过程、动态的造价管理工作。从知识结构上来看，他们的专业素质普遍较低，特别是经济学基础知识、工程项目风险管理、投资分析与策略，以及法律知识等方面，还未达到专业人士要求；从来源来看，从事工程造价管理工作的人员大多数是从经济和工程管理类专业而来，缺乏系统的理论学习。我国加入 WTO 后，低素质的造价管理人员已经不能适应这种形势的需要。解决这一问题可以从完善我国造价工程师执业资格认证制度着手，从以下几个方面完善我国造价工程师执业资格认证制度。

① 造价工程师必须通过严格而全面的执业资格认证。

② 造价工程师执业资格认证应强调学历和专业技术能力。

③ 已注册的造价工程师应承担新申请人的专业实践培训义务。

④ 应建立我国自己的造价管理技术支持体系。

⑤ 积极建立注册造价工程师的职业教育支持体系。

（3）建立造价工程师继续教育制度

新的造价管理模式对中、高层造价管理人员的知识结构提出了更高的要求，因此，我国造价工程师的知识结构必须拓展，应建立我国造价工程师继续教育制度。其继续教育的内容应该包括以下几方面：经济学基础知识、工程项目风险管理理论、建设法规、投资策略与工程经济分析、工程合同管理、现代项目管理、计算机与信息管理知识等。

第6章

结　论

本书在充分把握国际工程造价管理前沿理论和国内政府投资建设项目造价管理现状与特点的基础上，借鉴国外先进的管理模式和投资的确定与控制方法，以及国内改革的实践，建立适合我国国情的、符合国际惯例的政府投资建设项目全面投资控制模式。本书还提出了完善我国政府投资建设项目投资管理的建议，为有关政府的投资决策、管理和实施部门提供改革和运行的理论方法及决策参考。具体来说，本书的主要内容如下。

① 首先，对目前我国现行政府投资建设项目的全过程造价管理模式进行细致的研究分析，对项目决策阶段、设计阶段、招投标阶段、施工阶段和竣工验收阶段的造价控制方法及采取的措施进行综合论述；其次，探讨运用价值工程、模糊数学、层次分析法等数学方法控制建设项目的阶段投资。从而分析出在目前市场经济体制下全过程造价管理模式表现出的弊端和局限性。

② 全面造价管理理论与方法在发达国家和地区已得到广泛的认同和推广，但是目前在我国，这方面的研究尚处于发展阶段，研究成果也仅仅局限于对国外成果的引进或局部的适应性改良。在调研大量国内外政府投资建设项目造价管理文献资料的基础上，结合我国现行的政府投资管理特点，对我国政府投资建设项目利用全面造价管理理论进行适用性分析，提出了适用于我国政府投资建设项目的全面造价管理整体方案。

a. 在全过程造价管理中，吸收了我国传统全过程造价管理的成功做法，将项目的全过程扩展到项目的运营维护阶段，并结合显著性成本理论（CS），提出基于显著造价理论的全生命周期造价数学模型。

b. 项目实现过程中的一系列不确定因素，直接影响到建设项目的造价，对影响项目造价的不确定性因素进行数值分析，提出全风险造价管理的应对措施。

c. 利用“赢得值”原理来对影响建设项目费用的造价、工期和质量三要素进行集成管理，从而实现全要素管理的目标。

d. 以全团队造价管理的思想为内核，尝试基于 Partnering 模式来设计，在各利益主体之间形成一种合作伙伴关系，以此来推动项目完成，使系统的目标值以高效率实现，最终实现“多赢”。

③ 介绍了我国政府投资建设项目管理模式的历史沿革，分析其中的弊端和危害，并对改革现有管理模式的必要性进行阐述，接着就美国、英国、日本等国家和地区，以及国内一些试点地区的政府投资建设项目管理模式进行了对比分析研究，归纳出发达国家和地区的政府投资建设项目管理模式中值得我国借鉴的地方。

④ 在借鉴发达国家和地区经验的同时，考虑我国经济转型期的特点，提出改革我国政府投资建设项目管理模式的总思路，针对不同性质的政府投资建设项目采取不同的管理方式。并提出完善我国政府投资建设项目投资管理的一些相关措施，如选择适合我国国情的政府投资建设项目管理模式、建立造价管理监管体系、完善法律法规体系、健全决策机制与市场准入制、建立全社会诚信敬业机制等配套改革措施。

本书是财政支出管理和工程造价控制的交叉性问题研究，既有理论探讨，又有实践方法研究。本书研究针对我国普遍存在的现实问题展开，在大量借鉴发达国家经验的基础上，结合我国的具体情况和发展动态，运用最新的技术和原理，构造我国政府投资建设项目投资的全面动态控制模式，建立定性与定量相结合的我国政府投资建设项目应用全面造价管理的整体方案，并给出全面造价管理整体方案的一般实施程序，提出改革我国政府投资建设项目管理模式总的思路，构建了政府投资建设项目造价控制的总体框架。在本书的研究过程中，对一些问题进行大胆创新，创新点主要如下。

a. 国际上前沿的全面造价管理技术在政府投资建设项目投资控制中的应用。

b. 将项目的全过程扩展到项目的运营维护阶段，引入项目全生命周期造价（WLC）的概念，结合显著性成本（CS）理论，提出基于显著造价理论的全生命周期造价数学模型。

c. 利用“赢得值”原理，建立工程项目三要素造价与工期、质量集成造价控制模型。

d. 以全团队造价管理的思想为内核，尝试基于 Partnering 模式在各利益主体之间形成一种合作伙伴关系。

e. 提出经营性政府投资建设项目的一种新型管理模式——项目法人招标制。

f. 实行政府投资建设项目内外全面投资约束机制理论，诚信记录制、市场准入制及造价信息数据库的网络化管理。

参考文献

[1] 余建星，段晓晨，张建龙. 基于 BP 神经网络数据挖掘方法的政府投资建设项目投资估算方法 [J]. 中国农机化，2006 (5)：36-39.

[2] 段晓晨，张晋武，李利军，张健龙. 政府投资建设项目全面投资控制理论和方法研究 [M]. 北京：科学出版社，2007.

[3] 段晓晨，余建星，张建龙. 基于 CS、WLC、BPNN 理论预测铁路工程造价的方法 [J]. 铁道学报，2006，28 (6)：117-122.

[4] 尹贻林，闫存砚，陈伟珂. 政府投资建设项目管理模式研究 [M]. 天津：南开大学出版社，2002.

[5] 尹贻林，阎孝砚. 政府投资建设项目代建制理论与实务 [M]. 天津：天津大学出版社，2006.

[6] 李利军，段晓晨，李艳丽. 政府投资建设项目管理控制体制研究 [J]. 石家庄铁道学院院报，2005，18 (1)：84-87.

[7] 夏立明，尹贻林. 论我国政府投资建设项目管理主体 [J]. 天津工业大学学报，2003，22 (3)：19-23.

[8] 杨汉权. 试论从项目决策及设计阶段加强投资管理 [J]. 石油化工，2003 (1)：57-61.

[9] 程鸿群，姬晓飞，陆菊春. 工程造价管理 [M]. 武汉：武汉大学出版社，2004.

[10] 王立国，王红岩，宋维佳. 工程项目可行性研究 [M]. 北京：人民邮电出版社，2002.

[11] 刘芳，黄忠. 固定资产投资估算国内外比较分析 [J]. 基建优化，2003，24 (8)：25-29.

[12] 温国锋. 建筑项目投资估算模型分析 [J]. 中国煤炭学院院报，2003，45 (3)：19-22.

[13] 底杰. 基于混沌理论和 CS 理论的工程造价估算研究 [D]. 石家庄：石家庄铁道学院经济管理分院，2008.

[14] 董士波. 全过程工程造价管理与全生命周期工程造价管理之比较 [J]. 经济师，2003 (12)：136-138.

[15] 董士波，任国强. 工程造价 CALS 的研究 [J]. 哈尔滨工程大学学报，2003，22 (1)：9-13.

[16] Asif M. Simple Generic Models for Cost-Significant Estimating of Construction Project Cost [D]. Dundee：Department of Civil Engineering of The University of Dundee，1988.

[17] Al-Hajj. A Simple Cost-significant Models for Total Life-cycle Costing in Buildings [D]. Dundee：Department of Civil Engineering of the University of Dundee，1991.

[18] Flanagan. R and Jewell. Whole life appraisal for construction [M]. London：Blackwell Science，2005.

[19] Batten，Roger M. Energy and Cost-Total Cost Management Discussion：the Global Gas Industry [J]. Cost Engineering Vol. 1995，17 (9)：34-49.

[20] 戚安邦. 工程项目全面造价管理 [M]. 天津：南开大学出版社，2000.

[21] 何清华. 建设项目集成化管理模式的研究 [D]. 上海：同济大学，2000.

[22] 孟宪海. 全寿命周期成本分析在工程项目中的应用 [J]. 建筑经济，2007 (10)：27-31.

[23] 任国强，尹贻林. 基于范式转换角度的全生命周期工程造价管理研究 [J]. 中国软科学，2003 (5)：148-151.

[24] 王瑾. 地铁工程全生命周期造价的确定与控制 [J]. 铁路工程造价管理，2008 (9)：12-16.

[25] 程杰. 基于 CS 理论的全生命周期工程造价的研究 [D]. 石家庄：石家庄铁道学院，2008.
[26] 兰树俊，我国政府投资工程监管体系研究 [D]. 北京：北京交通大学，2007.
[27] 刘伟. 政府投资建设项目投资控制管理研究 [D]. 长沙：中南大学，2007.
[28] 徐志英. 全生命周期工程造价成本控制研究 [D]. 成都：成都理工大学，2007.
[29] 孟颉. 全面造价管理（TCM）在我国政府投资建设项目中的应用研究 [D]. 南京：河海大学，2007.
[30] 张家琪，张玉. 政府投资建设项目设计阶段的造价控制 [J]. 重庆建筑大学学报，2005 (2)：125-127.
[31] 张尚. 政府投资建设项目管理体制研究 [J]. 重庆工学院学报，2005 (1)：65-67.
[32] 程琳珊. 政府投资建设项目全过程造价控制 [J]. 陕西建筑，2006 (1)：49-52.
[33] 马勇. 全生命周期造价管理及其应用 [D]. 成都：西南交通大学，2006.
[34] 姜青松. 工程造价全生命周期管理信息化 [J]. 油气田地面工程，2005 (3)：1-3.
[35] 孟宪海. 国际工程项目管理新模式——Partnering [J]. 项目管理，2006 (4)：123-124.
[36] 徐锡权，厉彦菊，刘永坤. 工程造价管理 [M]. 第 2 版. 北京：北京大学出版社，2016.
[37] 王振强. 英国工程造价管理 [M]. 天津：南开大学出版社，2002.
[38] 王振强. 日本工程造价管理 [M]. 天津：南开大学出版社，2002.
[39] 胡建文. 香港工程建设和建筑业管理 [M]. 深圳：海天出版社，1999.
[40] 张凌云. 工程造价控制 [M]. 第 3 版. 北京：中国建筑工业出版社，2015.
[41] 潘炳玉. 建设工程项目管理 [M]. 北京：化学工业出版社，2015.
[42] 国家统计局. 中国城市统计年鉴 [M]. 北京：中国统计出版社，2001-2010.
[43] 黄霆，申立银等. 我国政府投资项目管理现状分析 [J]. 建筑经济，2005 (7)：19-23.
[44] 卢汝生，王孟均等. 政府投资项目管理模式与总承包管理实践 [M]. 北京：中国建筑工业出版社，2009.
[45] 佘健民. 项目决策分析与评价 [M]. 北京：中国计划出版社，2003.
[46] 张伟，朱宏亮. 政府工程管理模式综述与改革方向 [J]. 建筑经济，2005 (7)：19-23.
[47] 严玲，赵黎明. 政府投资项目双层多级委托代理链分析 [J]. 建筑经济，2005 (12)：41-47.
[48] 夏立明，尹贻林，何红锋. 论我国政府投资项目管理主体 [J]. 天津工业大学学报，2003 (3)：19-23.
[49] 胡建文. 关于政府工程管理方式改革的探讨 [J]. 建筑经济，2002 (5)：3-7.
[50] 王春阳，尹贻林. 浅谈政府投资项目的投资控制体制 [J]. 天津理工学院学报，2002，18 (1)：12-15.
[51] 吴普生. 政府投资工程管理模式的改革和探索 [J]. 建筑经济，2005 (1)：21-22.
[52] 刘松桥. 政府投资项目“代建制”初探 [J]. 中国工程咨询，2004 (1)：15-16.
[53] 祁玉清. 谨防政府投资项目代建制中的风险 [J]. 宏观经济管理，2006 (1) 61-64.
[54] 向强. 我国政府投资项目的政府管理应予加强 [J]. 建筑经济，2004 (5)：24-27.